Deutschlands Natur
von oben

BERNHARD EDMAIER (Fotos)
ANGELIKA JUNG-HÜTTL (Text)

Deutschlands Natur von oben

Unberührte Landschaften in faszinierenden Luftaufnahmen

blv

Inhalt

Spurensuche aus der Luft – ein Vorwort

Deutschland wird zugepflastert, warnen die Umweltschutzverbände, wenn weiterhin soviel Fläche verbraucht wird wie bisher. 1997 waren es noch 1,20 Millionen Quadratmeter pro Tag, 1998 bereits 1,24 Millionen, heißt es in den Statistiken vom Umweltbundesamt. Heute werden bereits mehr als 1,30 Millionen Quadratmeter Land täglich überbaut oder »in Siedlungs- und Verkehrsflächen umgewidmet«, wie Raumplaner sagen. Das entspricht etwa der Größe von 180 Fußballfeldern.
Der Grund für den Flächenfraß: Die Industrie braucht größere Gewerbegebiete, immer mehr Verkehr erfordert immer mehr Straßen, und der Trend zum Eigenheim im Grünen nimmt zu. Etwa die Hälfte des verbrauchten Landes wird asphaltiert und versiegelt, sodass kein Regenwasser mehr versickern kann. Der Rest ist so genanntes »Siedlungsgrün« wie zum Beispiel Gärten oder Parks, auch Autobahngrünstreifen und bepflanzte Verkehrsinseln zählen dazu.

Wo ist die ursprüngliche Natur?

Als wir in einer kleinen Cessna zwischen dem Kaiserstuhl und Karlsruhe den Rhein entlang fliegen, um möglichst unberührte Auenlandschaften zu suchen und aus der Luft zu fotografieren, können wir verstehen, wovon die Umweltschützer reden. Viele Städte sind dabei, sich die umliegenden Gemeinden einzuverleiben. Die Flecken freien Ackerlandes, die für Abstand zwischen den Siedlungen sorgen, schrumpfen. Die alten Dorfzentren

Aufgereiht: Massen von Autos am Europapark Rust

im Rheintal zwischen dem Fluss und den Hügeln des Schwarzwaldes sind kaum noch auszumachen inmitten der ausufernden Gewerbegebiete mit ihren baumlosen Riesenparkplätzen.
Doch damit nicht genug. Der Rhein fließt eingezwängt in einem kanalisierten Bett. Die schmalen Flussauen sind von unzähligen Forststraßen durchschnitten, riesige Kiesgruben klaffen darin wie offene Wunden.
Wir tun uns schwer, hier »Geoart«-Motive zu finden – ursprüngliche Landschaften mit Strukturen und Formen, die sich ohne viel Zutun des Menschen hauptsächlich durch die Kräfte der Natur gebildet haben. Aus der Luft betrachtet spiegelt sich in diesen abstrakten Mustern häufig die Entstehung dieser Landstriche wieder. Und – das ist der »Art«- oder Kunstfaktor an diesen Strukturen und Mustern – sie besitzen eine eigene Ästhetik.
Gewiss – vom Himmel aus gesehen hat auch manches Industriegelände etwas Schönes. Die Wagenparks von Autofirmen, auf denen die Fahrzeuge zu Hunderten in Reih und Glied nebeneinander stehen, bilden ein ange-

Vorhergehende Doppelseite:
An der Einmündung der Isar in den Sylvenstein-Stausee, Bayerische Alpen (Bildausschnitt 300 m breit)

nehm strukturiertes Muster. Gewerbehallen wirken wie exakt aneinander gesetzte bunte Würfel. Autobahnkreuze werden zu kunstvollen Gebinden, und die Tümpel in den Kiesgruben am Rhein leuchten grün oder blau wie Edelsteine. Der Schweizer Luftbildfotograf Georg Gerster stellte schon vor Jahrzehnten fest, dass »auch der größte Unfug des Menschen aus genügend Entfernung ästhetisch verklärt« wird.

Vom Menschen geprägt

Auch wäre es naiv zu glauben, in Deutschland gäbe es noch allein von den Kräften der Natur geformte Landschaften. Unberührte Flecken sind höchstens noch in den steilen Felswänden und auf den unwegsamen Berggipfeln am Nordrand der Alpen zu finden. Die im Verlauf der Erdgeschichte entstandenen und durch Verwitterung sowie Erosion modellierten Strukturen sind überprägt durch den Menschen, der diesen Lebensraum in Mitteleuropa schon vor vielen Jahrtausenden für sich zu erobern begann.

Kanalisiert: Rhein nördlich von Kehl

Aber auch ohne den Menschen wäre es schwierig, hierzulande großflächige Landschaften zu finden, an denen sich deren erdgeschichtliche Entstehung direkt ablesen lässt. Denn: Hätte auf dem Teil der Erde, wo heute Deutschland liegt, niemals ein menschliches Wesen gelebt, wäre der Boden heute zu mindestens 85 Prozent mit dichten Mischwäldern überzogen.
Aufgrund des feuchten Klimas würden über große Flächen Fichten, Tannen, Buchen, Eichen, Eschen, Ulmen, Ahorne, Linden, in feuchteren Gebieten Erlen und auf sandigem Untergrund vor allem Kiefern und Birken wachsen. Deutschland wäre ein Waldland, von Seen und Mooren unterbrochen und durchzogen von Bächen, Flüssen und Strömen, die in breiten Betten mäanderten.

Homo erectus entdeckt Deutschland

Doch es kam alles anders. Woher die ersten Menschen nach Mitteleuropa einwanderten, ob aus Asien oder Afrika, ist bislang noch unklar – auch was sie hierher zog. Vielleicht war es der Reichtum an Wild, der die Jäger lockte. Jedenfalls sind die ersten menschlichen Spuren – Werkzeuge, die in der Nähe von Bad Cannstatt am Münzenberg gefunden wurden – eine Million Jahre alt. Sie werden dem *Homo erectus* zugeordnet, dem aufrecht gehenden Menschen, der bereits das Feuer kannte, sich vermutlich auch schon über eine Art Sprache verständigen konnte und sich

vom Sammeln und Jagen ernährte. Damals herrschte in Mitteleuropa eine der ersten eiszeitlichen Kälteperioden.
Diese frühen Menschen haben durch ihr Tun die Landschaft allerdings noch nicht verändert, ebenso wenig wie ihr späterer Nachfolger, der Heidelberger Mensch, von dem man den berühmten, etwa 500 000 Jahre alten Kieferknochen gefunden hat, das älteste bekannte menschliche Knochenstück in Deutschland.
Auch der Steinheimer Mensch, der sich vor etwa 250 000 Jahren, während der Holsteinwarmzeit, hierzulande aufhielt, oder der Neandertaler, der zur Würmkaltzeit ein hartes Leben fristete und vor etwa 30 000 Jahren ausstarb, waren noch nicht in der Lage, die Landschaft nachhaltig zu beeinflussen.
Zu maßgeblichen Eingriffen in die Natur kam es erst, als der moderne Mensch *Homo sapiens sapiens,* der vor etwa 40 000 Jahren in Mitteleuropa auftauchte, vom sammelnden und jagenden Nomaden zum sesshaften Bauern wurde. Das war während der Steinzeit vor etwa 7000 Jahren. Indem er die Wälder rodete, um Felder anzulegen, veränderte er nicht nur das Bild der Landschaft, sondern beschleunigte auch die Erosion. Regen und Wind konnten nun den Boden leichter angreifen.
Hatten bis zu diesem Zeitpunkt allein die Kräfte der Natur die Erdoberfläche gestaltet, kam nun der Mensch als neue Kraft hinzu.
Im Lauf der Jahrtausende wurde ganz Deutschland umgekrempelt. Indem er sie zu seinem Vorteil nutzte, verwandelte der Mensch die ursprünglichen Natur- in hauptsächlich bäuerlich geprägte Kulturlandschaften.

Kulturlandschaft Lüneburger Heide

Beschleunigtes Leben

Seit Mitte des 19. Jahrhunderts, zu Beginn der Industrialisierung, beschleunigen Maschinen das Leben, immer mehr Menschen fordern immer mehr Mobilität. Immer neue Industrie- und Wohngebiete werden erschlossen. Die Tagebaue, in denen Rohstoffe wie Kies oder Braunkohle gewonnen werden, fressen sich immer weiter in die Landschaft hinein. Flüsse werden begradigt und in Dämme gezwängt, um sie besser schiffbar und hochwassersicher zu machen.
Immer mehr Bahngleise, Autobahnen und Landstraßen zerschneiden immer mehr Wälder und Felder. So geht allmählich viel von der Weite der in Jahrhunderten gewachsenen Kulturlandschaft verloren, die auch heute noch außerhalb der dicht besiedelten Gegenden zu finden ist.

Verbliebene Naturinseln

Dennoch haben wir beim Fliegen über Deutschland viele Landstriche von großem ästhetischen Reiz entdeckt, deren Formen, Farben und Strukturen hauptsächlich aus natürlichen Kräften resultieren, und an denen sich zudem die Entstehungsgeschichte ablesen lässt – neben der erdgeschichtlichen auch die historische, vom Menschen geprägte Vergangenheit.
Vor allem in den Nationalparks an den Küsten, die durch das anbrandende Meer und den Wind immer wieder umgeformt werden, sind wir fündig geworden, aber auch in den Seengebieten von Ost- und Süddeutschland und sogar in den Mittelgebirgen mit ihren dichten Wäldern, aus denen nur an wenigen Stellen der felsige Untergrund meist in Form von steilen Steinmauern und -türmen herausragt.
Manche heute völlig natürlich wirkenden Phänomene entstanden erst durch das Wirken des Menschen. Die schwimmenden Inseln in den Arberseen im Bayerischen Wald zum Beispiel würden nicht existieren, wenn nicht Waldarbeiter Ende des 19. Jahrhunderts die kleinen moorigen Gewässer für die Holztrift ein wenig aufgestaut hätten. Als der Wasserspiegel stieg, rissen sich große Flecken der Schwingrasen, der auf das Wasser hinauswachsenden Moorvegetation, von den Ufern los. Sie treiben noch heute auf den Seen.
Die Lüneburger Heide gehört ebenfalls zu den vom Menschen gemachten Landschaften. Ohne die dort seit Jahrhunderten betriebene Schafzucht würden auf den eiszeitlichen Sanddünen im Spätsommer keine lilafarbenen Teppiche aus Heidekraut wachsen, sondern ein Wald aus Birken und Wacholderbüschen. Die Heidschnucken lassen größeren Bäumen keine Chance. Sie fressen alle frischen Sprösslinge ab.
Vielleicht gliedern sich im Lauf der Zeit ja auch die aufgelassenen Kiesgruben oder die nicht mehr genutzten Militärübungsplätze, die zwar rasch von der Vegetation überwuchert werden, aber dennoch eigenartig fremd in ihrer natürlichen Umgebung aussehen, wieder nahtlos in die Landschaft ein – ebenso wie die renaturierten Braunkohlegruben, die frisch aufgeforstet mit ihren künstlichen Seen wie ein ordentlich aufgeräumtes Spielzeugland wirken.
Den derzeit ungezügelten Flächenfraß will die Bundesregierung jetzt eindämmen. Bis 2020 sollen nur noch maximal 300 000 Quadratmeter pro Tag für neue Siedlungs- und Verkehrsflächen ausgewiesen werden. Das wäre immerhin nur noch ein Viertel des heutigen Betrags.

Völlig naturbelassen: die Kreideküste auf Rügen

Flüsse

Unter Strom

Das Wasser der meisten Rinnsale, Bäche und Flüsse in Deutschland läuft in nur sechs Strömen zusammen. Mit Rhein, Ems, Weser und Elbe fließt es in die Nordsee und mit der Oder in die Ostsee; mit der Donau gelangt es ins Schwarze Meer.

Vor etwa 3 Millionen Jahren, also noch vor Beginn der Eiszeit, sah das Gewässernetz vor allem im Süden des heutigen Deutschland ganz anders aus. Dort floss damals eine viel gewaltigere Menge Wasser der Donau zu als heute. Ihre Quellen lagen im Spessart, in der Rhön und im Frankenwald. Sogar aus dem Gotthard-Gebiet in den Alpen schickten Flüsse ihr Wasser in die Ur-Donau. Die Quellen des Rheins dagegen entsprangen damals viel weiter nördlich als heute – nicht in den Alpen, sondern etwa in der Höhe des Kaiserstuhls.

Dann kam es zu gewaltigen Verschiebungen in der Erdkruste – zu Gunsten des Rheins und zu Lasten der Donau. Das Land wurde stellenweise gehoben, stellenweise gesenkt, und verkippt. Ein großer Teil der Ur-Donau-Zuflüsse änderte die Richtung. Sie speisen seither den Rhein.

Noch heute scheint es so, als würde der 1360 Kilometer lange Rhein der Donau ihre führende Rolle nicht gönnen: Sie ist mit insgesamt 2780 Kilometer Länge der zweitlängste Strom Europas – länger ist nur die Wolga. Der Rhein, der nach den russischen Flüssen Ural, Dnjepr und Don in der Rangliste erst an sechster Stelle steht, scheint ihr im Oberlauf das Wasser »abzugraben«. Kaum dass sich die heutigen Quellflüsse – Brigach und Breg – zur Donau zusammengeschlossen haben, versinkt das Wasser in großen Strudeln im Untergrund. Im Sommer und Herbst kann das Bett des Flusses auf eine kurze Strecke von etwa 2 Kilometern sogar vollständig trocken fallen. Erst danach wird es von Nebenflüssen wieder gefüllt.

In Schlingen gelegt: Die Hegauer Aach transportiert Donauwasser zum Bodensee.

Die Ursache für dieses erstaunliche Phänomen: Der Untergrund besteht aus einem verkarsteten, von Höhlen durchsetzten Kalkgestein. Das Donauwasser, das darin verschwindet, fließt unterirdisch weiter und kommt nach minimal 60 Stunden und maximal 7 Tagen 14 Kilometer südlich in der Aachquelle wieder zum Vorschein. Schon 1877 lösten die Menschen dieses Rätsel – mit 200 Zentnern Kochsalz, das sie in die Sickerstellen kippten, und das im Aachtopf wieder herauskam.

Dort sprudeln 3 Viertel des Donauwassers wieder aus der Erde. Etwa 10 000 Liter pro Sekunde fördert der Aachtopf im Schnitt. Er ist damit die ergiebigste Quelle in Deutsch-

Vorhergehende Doppelseite:
Nach einem Unwetter schwemmt die Tiroler Achen große Mengen feinsten Schutt in den Chiemsee.

land. Als Hegauer Aach gelangt das Donauwasser von dort in den Bodensee – und der Abfluss des Bodensees ist der Rhein.

Flüssige Förderbänder

Die Höhlen im kalkigen Untergrund hat sich das Wasser selbst geschaffen. Denn es enthält winzige Mengen Kohlensäure. Damit löst es den Fels auf.
Flusswasser kann Gestein nicht nur chemisch zersetzen. Je stärker die Strömung, desto größer sind die Partikel, die das fließende Wasser vom Ufer mitreißt und vom Boden aufwirbelt. Mit dieser Fracht kann der Fluss selbst sein Bett abschleifen und sich in den Untergrund eintiefen. Dabei zerkleinert er auch die mitgerissenen Bruchstücke, rundet sie, und zerreibt Sandkörner zu feinem Mehl.
Verringert sich die Fließgeschwindigkeit, setzt sich die Fracht ab, zuerst die schweren Kiesel, dann der leichtere Sand. Im ruhigen Wasser an flachen Ufern und in Seitenarmen sinken die feinsten Partikel, der Ton, zu Boden.
Der Mensch nutzt die Transportkraft der Flüsse schon seit mehr als 5000 Jahren. Über die Flüsse hat er sich wohl auch im damals dicht bewaldeten Mitteleuropa ausgebreitet. Denn an den lichten Ufern und auf den Schotterebenen konnte er besser vorwärts kommen als im Wald. Er benutzte auch schon Boote. Als er anfing, die Wälder für den Ackerbau zu roden, griff er erstmals in den Haushalt der Flüsse ein. Der Regen konnte nun viel fruchtbaren Boden in die Wasserläufe schwemmen. Der Schlamm setzte sich in den stillen Flussbereichen wieder ab. An der Elbe zum Beispiel verlandeten auf diese Weise die Schilfsümpfe an den Ufern innerhalb von 200 Jahren. Erlen und andere Wasser liebende Pflanzen siedelten sich an. So hat der Mensch wohl überall in Mitteleuropa das Wachstum von Auenwäldern beschleunigt.

Flussverbau schon im Mittelalter

Im Mittelalter begannen die Menschen, Städte und Dörfer entlang der Flüsse einzudeichen, um sie vor Hochwasser zu schützen.
In der frühen Neuzeit, im Jahr 1684, haben zum Beispiel Elbanwohner nahe Magdeburg erstmals eine Flussschlinge durchstochen. Die Strömung nahm in dem Flussabschnitt zu und die Schiffe kamen besser vorwärts. Das war wohl eine der frühesten Maßnahmen zur Flussbegradigung im deutschen Raum. Der Lauf der Donau zwischen Ulm und Kehlheim wurde erst zu Beginn des 19. Jahrhunderts reguliert. Seither ist der Strom in diesem Teilstück tiefer und um etwa 20 Prozent kürzer geworden.
Nach den schweren Überschwemmungskatastrophen der letzten Jahre raten Umweltexperten dazu, zumindest dort, wo noch genug Raum an den Flüssen vorhanden ist, die Deiche zurückzuverlagern und sich dabei an ehemaligen Überschwemmungsgebieten zu orientieren. Das kann nicht nur die Hochwassergefahr mindern, sondern auch die Qualität des Grundwassers in Flussnähe verbessern. Denn mit dem Wechsel von Hoch- und Niedrigwasser entsteht auch im Untergrund ein Druck und Sog, der für Bewegung im Grundwasser und damit für eine bessere Filterung sorgt.

Rhein-Auen

Klares Grundwasser fließt aus Quelltümpeln und -bächen dem oft trüben Flusswasser in den Altarmen des Rheins zu. Diese »Gießen« gaben einer der letzten Auenlandschaften am größten Strom Deutschlands ihren Namen.

Den Wasserstand im Naturschutzgebiet Taubergießen bestimmt heute jedoch nicht mehr der Rhein, sondern den regeln die Elektrizitätswerke in der Umgebung. Nur wenn der Pegel im Strom es erlaubt, lassen sie die Auen überschwemmen. Dann stehen die Bäume an den Ufern und auf den Inseln zwischen den Seitenarmen des Rheins für einige Tage unter Wasser.

Auch die Kronen der Silberweiden, Erlen und Pappeln, die der Orkan Lothar im Dezember 1999 auf seinem Weg durch Deutschland geknickt hat, sind dann überflutet. In den Bannwäldern von Taubergießen bleiben die umgestürzten Bäume ganz der Natur überlassen.

Altwasserarm des Rheins im Naturschutzgebiet Taubergießen nördlich Freiburg im Breisgau

Die Tollense

Der Name dieses windungsreichen Flüsschen leitet sich von dem slawischen Wort »dolenzia« ab. Es bedeutet so viel wie Niederung. Das Volk der Slawen, das um 600 n. Chr. von Osten her ins heutige Norddeutschland einwanderte, hat es wohl deshalb so genannt, weil es auf seinem nur 79 Kilometer langen Lauf von Neustrelitz bis zur Mündung in den Fluss Peene hauptsächlich durch flache Senken strömt.
Diese Mulden waren während der Eiszeit unter den mächtigen Gletschern entstanden, die damals von Skandinavien her ganz Norddeutschland bedeckten.
Die Niederungen haben kaum Gefälle. Deshalb legt sich das bis 20 Meter breite und bis 2 Meter tiefe Flüsschen in Schlingen. Schon die Slawen schätzten die Tollense wegen ihres Fischreichtums. Sie fingen dort hauptsächlich Aale. Heute ziehen Angler außerdem auch Barsche und Hechte aus dem Wasser.

Tollense in einem Wiesental bei Kessin in Mecklenburg-Vorpommern

Wildfluss Isar

Wenn Flüsse Platz zum Fließen haben, verteilen sie sich auf viele Rinnen. Bei jedem Hochwasser verlagern sie dieses Netz, ebenso wie die Kies- und Sandbänke in ihrem Bett. Die Isar kann sich noch heute an einigen Stellen in ihrem Oberlauf so weit ausbreiten, wie sie will. Und sie tut das oft. Pflanzen können zwischen den Hochwassern in ihrem Flussbett kaum Fuß fassen.

Das helle Kalkgeröll, das die Isar aus den Alpen antransportiert, wurde noch im vergangenen Jahrhundert von Frauen eingesammelt und in Kalkbrennereien verarbeitet.

Von seinem Ursprung im Karwendelgebirge bis ins Alpenvorland muss der Gebirgsfluss eine Höhe von etwa 1000 Metern überwinden. Deshalb strömt die Isar rasch vorwärts, was ihr in historischer Zeit den Beinamen »die Reißende« eintrug. Allein im 15. Jahrhundert wurden sechs Hochwasserkatastrophen registriert – und jedes Mal hat die Isar in München eine Brücke zum Einsturz gebracht. Bei einem dieser Unglücke sind 100 Menschen ums Leben gekommen.

Heute ist der Flusslauf durch Stauseen, Buhnen und Dämme gezähmt. Nur noch an wenigen Stellen kann sich das Wasser austoben.

Isar im Wolfratshauser Forst südlich von München

Wassermixtur in Blaugrün

Der Oberlauf des Rheins transportiert jährlich mehr als 2,5 Millionen Kubikmeter Sand und Geröll aus den Alpen in den Bodensee. Sein helles, mit Abtragungsschutt beladenes Wasser verdrängt zunächst das türkisgrüne Seewasser, um dann – weil es schwerer und dichter ist – in die Tiefe abzusinken.

Diese Vermischung von Fluss- und Seewasser findet weit vom Ufer entfernt statt. Denn die Seeanwohner haben den ursprünglichen Zufluss des Rheins verlagert. Seit 1973 leiten sie das trübe Flusswasser über einen künstlichen Kanal bis in größere Tiefen des Seebeckens. Andernfalls würden die Buchten um die Rheinmündung verlanden.

Rheinwasser verteilt sich im Bodensee

Mäander der Kössein

Das dunkle Wasser dieses mäandrierenden Baches bildet im Winter einen starken Kontrast zur weißen Schneedecke. Die Schatten der laublosen Schwarzerlen am Ufer zeichnen darauf ein filigranes Muster.

Die Kössein, auch Kösseine-Bach genannt, ist nur wenige Kilometer lang. Sie entspringt unterhalb des 939 Meter hohen Gipfels der Kösseine, einem Granitmassiv im Fichtelgebirge. Ihr Wasser fließt in die Röslau, mit diesem Fluss in die Eger, dann in die Elbe und schließlich in die Nordsee. Der Name leitet sich vermutlich von der Bezeichnung »chozin« ab, was so viel wie Ziegenberg bedeutet.

Kösseine-Bach im Fichtelgebirge
nahe der Stadt Waldershof

Die Polder der Oder

Im Winter steht das Wasser im unteren Odertal stellenweise so hoch, dass nur noch die Wipfel der Bäume zu sehen sind. Im Frühjahr, wenn die Flut abströmt, kommen neben den Auwäldern und Schilfgürteln auch die Wiesen wieder zum Vorschein – feucht glänzend und durchzogen von einem Netzwerk aus kleinen Bächen und Flüssen.

Bis 1900 lag im Odertal nahe Schwedt noch eine natürliche Aue, die der Strom überschwemmte, wie und wann es ihm beliebte. Um die Siedlungen am Talrand vor Hochwasser zu schützen, den Schiffen auf der Oder den Weg zu erleichtern und im Sommer die Landwirtschaft in der fast 4 Kilometer breiten Oderniederung zu sichern, wurde der Strom nach niederländischem Vorbild reguliert. Es wurde ein ausgeklügeltes Poldersystem angelegt, mit einem Kanal sowie Schleusen und Wehren an kleineren Wasserläufen im Oderbett. Im Winterhalbjahr, von November bis April, ist die Oderniederung geflutet. In den Sommermonaten sorgen Schleusen und Wehre dafür, dass das Wasser aus den Poldern ablaufen kann. Auf den Wiesen weidet dann das Vieh, und es wird Heu gemacht. Bis 2010 sollen nach Angaben der Nationalparkverwaltung die wirtschaftliche Nutzung langsam abgebaut und 50 Prozent der Polderfläche wieder ganz der Natur überlassen werden.

Nasspolder im Nationalpark Unteres Odertal bei Schwedt im Frühjahr kurz nach Ablauf der Flut

Am Ausgang des See-Rheins

Der Rhein hat je nach Teilstück einen Beinamen. Sein Oberlauf von der Quelle bis zu seiner Mündung in den Bodensee heißt Alpenrhein. Als See-Rhein wird das nur 2 Kilometer lange Stück zwischen dem Ober- und dem Untersee des Bodensees bezeichnet. Dieser Flussabschnitt ist bis zu 20 Meter tief, während das Wasser im Untersee nur maximal 10 Meter Tiefe aufweist. Sobald er den Untersee verlässt, wird der größte Strom Deutschlands Hochrhein, ab Basel dann Oberrhein genannt.

Flaches Wasser, Schilf und feuchte Riedwiesen prägen die Landschaft, in die der See-Rhein mündet. Sie wächst und schrumpft mit den jährlichen Schwankungen des Seespiegels im Bodensee, die zwischen Sommer und Winter 2 Meter betragen können.

Das Wollmatinger Ried ist in Ufernähe fast unberührt. Das trockene Hinterland mit seinen Wiesen wurde dagegen jahrhundertelang von Bauern bewirtschaftet. Sie mähten dort das bis 1,5 Meter hoch wachsende Gras, um es als Einstreu für ihre Ställe zu verwenden.

See-Rhein mit Wollmatinger Ried westlich von Konstanz am Bodensee

Der Durchbruch der Donau

Etwa 50 Meter hoch sind die weißen, dicht mit Buchenwald bewachsenen Felswände links und rechts des Stromes, der seinerseits hier etwa 25 Meter tief ist. Die Donau hat den etwa 5 Kilometer langen, steilen Canyon jedoch nicht selbst aus dem Untergrund herausgespült. Diese Arbeit hat ein urzeitlicher Nebenfluss des Stromes über einen Zeitraum von 3 Millionen Jahren geleistet.

Die Donau selbst schickt ihr Wasser erst seit der Risseiszeit vor etwa 180 000 Jahren durch die damals bereits fertige Enge. Davor floss sie etwas weiter im Norden durch das heutige Altmühltal. Im Zuge der Alpenauffaltung stellten Kräfte im Erdinnern den hellen Fels der fränkischen Alb langsam schräg und zwangen die Donau, ihr Bett zu verlagern. Sie nutzt seither den Durchbruch und hat ihn bis heute um etwa 10 bis 15 Meter tiefer ausgeschürft.

Weltenburger Enge, der Durchbruch der Donau durch die Fränkische Alb

Die Auen am Unteren Inn

Junge Urwälder wachsen auf der langgezogenen Insel im Inn, die das türkisfarbene schnelle Wasser des Flusses vom grünen Stillwasserarm trennt. Silberweiden, Schwarzerlen und Schilf bilden einen dichten grünen Teppich.

Zur Römerzeit hieß der Inn »Aenus«, der Schäumende. Bis Mitte des 19. Jahrhunderts war der Alpenfluss nahezu ungebändigt. Weil viele Hochwasser nicht zuließen, den fruchtbaren Boden im Flusstal landwirtschaftlich zu nutzen, wurde der Inn über weite Strecken begradigt und in ein steinernes Korsett gezwängt. Die Folge: Das Wasser floss schneller und grub das Bett innerhalb kurzer Zeit so tief ein, dass der Grundwasserspiegel sank. Auch die Auwälder gingen verloren. Seit 1942 wird der Inn bei Braunau zur Stromgewinnung leicht angestaut, und das Wasser kann dort nicht mehr so rasch fließen. Sandbänke lagerten sich ab, auf denen sich seither ein Auen-Urwald ungehindert ausbreiten kann. Er ist heute als Europareservat unter Schutz gestellt.

Auen im Inn kurz nach der Einmündung der Salzach an der deutsch-österreichischen Grenze

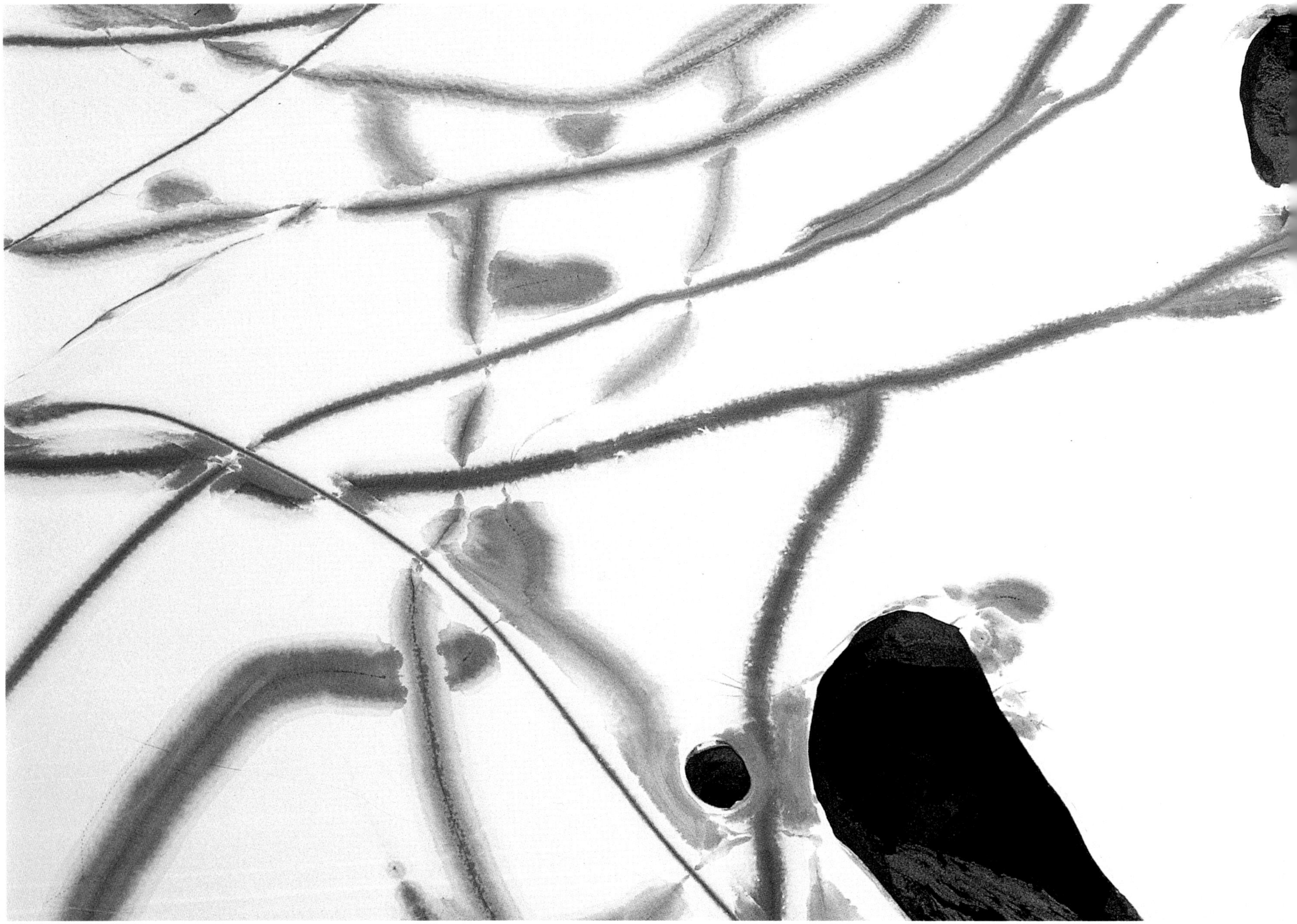

Seen

Weite Wasser

Der bayerische Märchenkönig Ludwig II. hat sicherlich nicht im Traum daran gedacht, dass sein Schloss Herrenchiemsee in nicht allzu ferner Zeit trockenen Fusses zu erreichen sein wird. Es ist das einzige seiner vielen Schlösser, das er auf einer Insel errichten ließ. In 8000 bis 10 000 Jahren soll der Chiemsee, das bayerische Meer, jedoch vollständig verlandet sein.
Den Chiemsee ereilt damit das Schicksal aller Seen auf der Erde. Sie verschwinden zwangsläufig innerhalb von Jahrhunderten, Jahrtausenden bis Jahrhunderttausenden – je nach Größe, Tiefe und vor allem nach Menge der Fracht an Steinen, Sand und Ton, die ihre Zuflüsse in ihr Seebecken hineintragen und dort ablagern.

Relikte der Eiszeit

Wie die meisten Seen in Deutschland, ist auch der Chiemsee ein Produkt der Eiszeit. Mächtige Gletscher bedeckten in dieser kalten Periode der Erdgeschichte nicht nur den Süden, sondern auch den Norden des heutigen Deutschland. Die Eisströme hobelten den Untergrund ab und schürften dabei Senken aus. Als sie sich vor etwa 20 000 Jahren allmählich zurückzogen, füllten sich diese Becken mit Wasser. So entstanden die Seengebiete im Norddeutschen Tiefland, zum Beispiel die Mecklenburgische Seenplatte, und im Alpenvorland, vom Königsee im Osten bis zum Bodensee im Westen.

See im Vulkankrater: das Pulvermaar in der Eifel

Der Bodensee ist mit seinen knapp 540 Quadratkilometern der größte See in Deutschland – und mit 252 Metern der tiefste. Eben weil er so tief ist, kann er eine Menge Sediment aufnehmen. Dennoch droht auch er zu verlanden, vor allem im Südteil, wo der Alpenrhein mündet. Der Fluss transportiert jährlich etwa 4 Millionen Kubikmeter Schutt an. Damit könnte man einen Güterzug von 400 Kilometern Länge füllen. Um der Verlandung vorzubeugen, wird der Rhein in den See »vorgestreckt«. Ein 5 Kilometer langer Kanal leitet das mit Schlamm und Geröll beladene Wasser in die tieferen Bereiche des Sees.

Häuser auf Pfählen

Schon in der Steinzeit lebten Menschen am Bodensee. Seeufer waren damals ebenso wie die Flussufer beliebte Siedlungsplätze. Sie lagen direkt am lebensnotwendigen Wasser, und der Wald, der damals ganz Deutschland bedeckte, war nicht so dicht. Es musste kaum gerodet werden. Die Menschen rammten Pfähle in den weichen Uferboden und errich-

Vorhergehende Doppelseite:
Von Rissen durchzogene Eisdecke auf dem Großen Ostersee im Süden des Starnberger Sees in Bayern

teten darauf vermutlich 1 bis 2 Meter über dem Untergund ihre Häuser. Auf diese Weise blieben sie trocken, wenn der Wasserspiegel während starker Regenfälle oder zur Zeit der Schneeschmelze anstieg. Die Menschen ernährten sich von Fischen und Muscheln, betrieben aber auch Ackerbau.

Die Menge der jungsteinzeitlichen Funde lässt darauf schließen, dass die Ufer der großen Seen im Vorland der Alpen bis hinein in die heutige Schweiz zeitweise relativ dicht besiedelt waren. Oft lagen die Dörfer nur wenige Kilometer auseinander und hatten jeweils mehr als 100 Einwohner.

Auch im großen Seengebiet im heutigen Mecklenburg-Vorpommern, zu dem die Müritz, der zweigrößte See Deutschlands gehört, gibt es Reste von Pfahlbauten aus der Jungsteinzeit, 3000 bis 1800 Jahre vor unserer Zeit. Auch dort wurden die Menschen damals sesshaft, bestellten Felder und züchteten Vieh. Ihre auffälligsten Hinterlassenschaften sind die Großsteingräber, die sie auf den Moränenhügeln zwischen den Seen errichteten und in denen sie ihre Toten bestatteten.

In Vulkankratern

Die kleinen, nahezu kreisrunden Seen der Eifel, die Maare, liegen weit außerhalb der Gebiete, die während der Eiszeit vergletschert waren. Die meisten sind vor 20 000 bis 10 000 Jahren entstanden – während der bislang letzten Vulkanausbrüche in Deutschland. Sie sind damit Produkte der Hitze im Erdinnern.

Im Untergrund der Eifel reicht diese Hitze des glutflüssigen Gesteins, des Magmas, nahe an die Erdoberfläche heran. Nach jüngsten Messungen beginnt die heiße Zone heute in 70 bis 400 Kilometern Tiefe.

Wenn durch Spalten und Risse in der harten Gesteinskruste Wasser in den tiefen Untergrund eindringt und dort auf emporsteigendes Magma trifft, kann es zu heftigen Explosionen kommen. Dann werden an der Erdoberfläche Trichter ausgesprengt. Mehr als 60 Maarkessel werden heute in der Westeifel gezählt, 8 davon sind mit Wasser gefüllt.

Der Laacher See ist jedoch kein Maar. Er liegt in einer Caldera, dem Einbruchskrater eines Vulkans. Dieser hat vor 11 000 Jahren in mehreren Schüben Unmengen von Asche ausgeschleudert, die der Wind sogar bis in das Gebiet des heutigen Nord- und Süddeutschland getragen hat. Nach den Eruptionen ist der Krater in sich zusammengestürzt. Das Becken füllt heute der Laacher See. Die Aschen in der Umgebung haben schon die Römer abgebaut und als Mörtel verwendet. Noch heute gewinnt man das Gestein als Zementzusatz.

Außer diesen natürlichen gibt es in Deutschland noch eine ganze Menge vom Menschen gemachte, künstliche Seen – zum Beispiel die Baggerseen, aus denen ehemals Kies geholt wurde, und insgesamt 29 Talsperren. Sie speichern Wasser, das zu Trinkwasser aufbereitet wird. Kraftwerke gewinnen daraus Strom. Zugleich fangen die Seebecken Hochwasserfluten ab.

Und wenn erst innerhalb der nächsten 5 bis 20 Jahre die Gruben der stillgelegten Braunkohle-Tagbaue in der Mitte und im Osten Deutschlands geflutet sind, kommen noch 500 neue künstliche Seen dazu.

Der Schwanzsee – Relikt eines Eisblocks

Nur ein schmaler Landstreifen trennt das mattgrüne, sehr nährstoffreiche Gewässer vom dunklen, nährstoffärmeren Wasser des Großen Küstrinsees. Vor etwa 15 000 Jahren sah die Landschaft dort ganz anders aus. Sie glich wohl der am jetzigen Eisrand von Grönland. Die mächtigen eiszeitlichen Gletscher zogen sich gerade aus dem heutigen Norddeutschland zurück. Sie hinterließen eine kalte, kahle Sandwüste.

An der Stelle des Schwanzsees überdauerte ein riesiger Eisblock von etwa 300 Metern Durchmesser. Als er langsam abschmolz, verblieb an dieser Stelle eine gut 7 Meter tiefe Senke, die sich mit Wasser füllte. Der Große Küstrinsee dagegen war damals eine langgestreckte Schmelzwasserrinne, die irgendwann abgeschnürt und zum See wurde. Auf dem sandigen Boden wächst heute ein üppiger Mischwald bis dicht an die Ufer.

Schwanzsee am Südufer des Großen Küstrinsees in der Uckermark

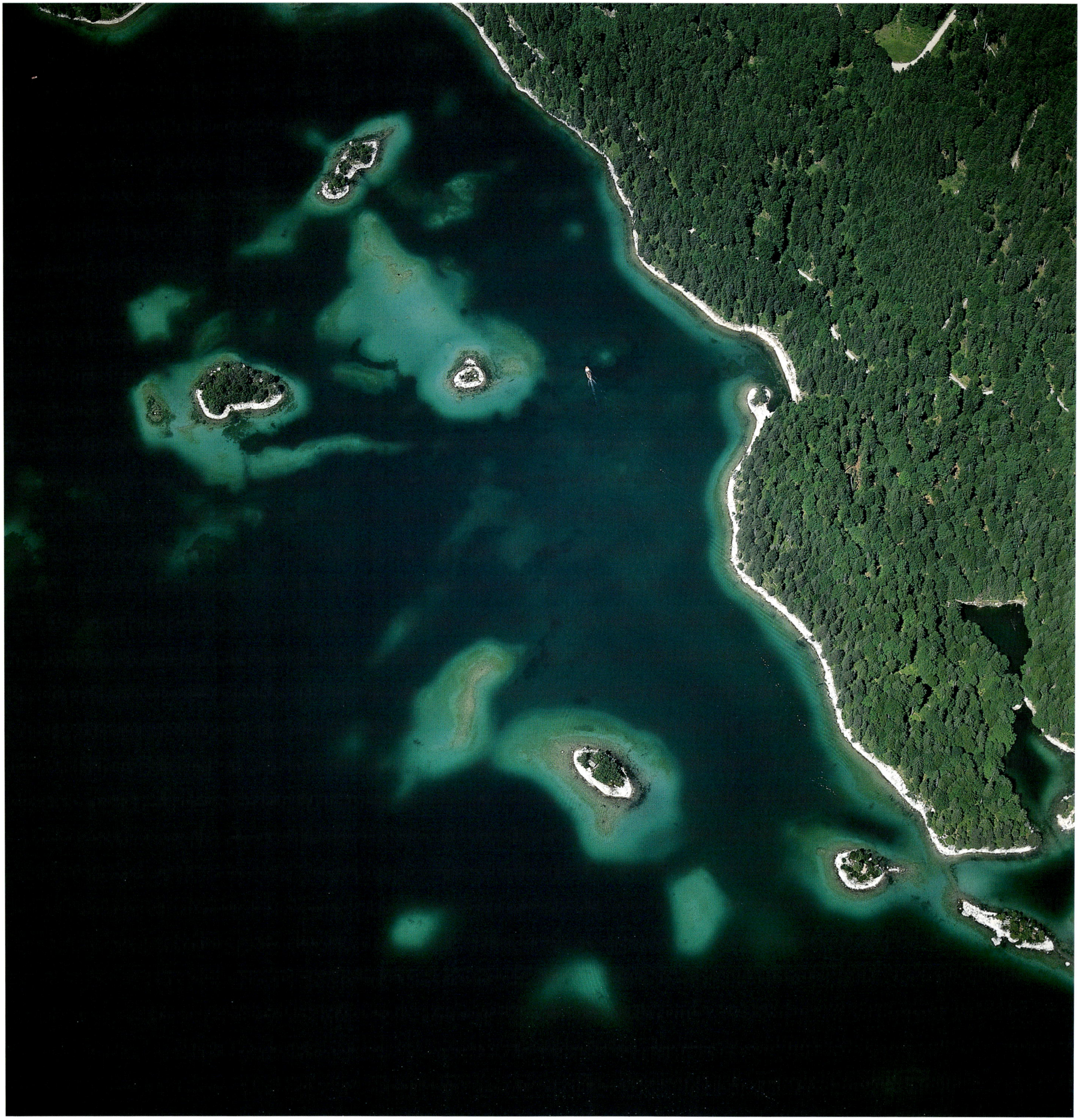

Der Eibsee

Farben der Karibik am Fuß der 2962 Meter hohen Zugspitze, dem höchsten Berg in den Bayerischen Alpen: Das klare Wasser über dem hellen Kalkgrund lässt um Inseln und Ufer des Eibsees türkisgrüne Säume schillern.

Den See würde es nicht geben, hätte sich nicht vor etwa 3500 Jahren ein gewaltiger Bergsturz aus der 1000 Meter hohen, steilen Wand unterhalb des Zugspitzgipfels gelöst. Die Felstrümmer sind hinunter ins Tal gepoltert, haben dort einen Wall aufgeschüttet und so ein Becken geschaffen, das Bäche allmählich mit Wasser füllten.

Bis vor kurzem gingen Geologen noch davon aus, dass sich die Katastrophe bald nach der Eiszeit vor etwa 10 000 Jahren ereignete, als am Wandfuß der Gletscher und damit das Widerlager für den übersteilten Fels schwand. Holzfunde und Bohrungen haben diese Theorie widerlegt. Erst 6500 Jahre später ist der Bergsturz passiert. Vermutlich, so meinen die Fachleute heute, wurde er durch ein Erdbeben ausgelöst. Vielleicht ist der Gipfel der Zugspitze vor diesem Ereignis sogar höher gelegen als heute und dem Bergsturz zum Opfer gefallen.

Eibsee unterhalb der Zugspitze in den Bayerischen Alpen

Im Osterseefilz

Beim Rückzug der eiszeitlichen Gletscher aus dem Alpenvorland blieben im heutigen Osterseegebiet riesige Eisblöcke liegen. Sie wurden allmählich vom Schutt des abfließenden Schmelzwassers überdeckt. Als die Eistrümmer abtauten, entstanden Senken, die sich mit Wasser füllten – eine »Eiszerfallslandschaft« mit Hügeln und Mooren und darin die Kette der 19 Osterseen.

Dem Lustsee strömt reines Grundwasser zu. Es ist sehr nährstoffarm und daher völlig klar. Im Sonnenlicht schimmert am flachen Ufer das weiße Kalksediment des Untergrundes durch und bildet einen hellen Saum, der zum tieferen Wasser hin grün leuchtet. In den benachbarten Gröbensee sickern aus dem angrenzenden Hochmoor Huminstoffe ein und färben das Wasser braun. Der Saum des Gröbensees erscheint deshalb gelb.

Lustsee (links) und Gröbensee (rechts) im Osterseefilz südlich des Starnberger Sees im Alpenvorland

Ein Auge im Wald – der Feldsee

Schwäne ziehen über den Wasserspiegel, der die Wolken reflektiert. Der Feldsee liegt etwa 400 Meter unterhalb vom Gipfel des 1493 Meter hohen Feldberges, der höchsten Erhebung im Schwarzwald. Dort breitete sich während der Würm-Eiszeit ein Gletscher aus. Die Eiszungen zogen sich 25 Kilometer weit in die umliegenden Täler hinaus.

Das Eis schürfte an der Ostflanke des Berges ein steilwandiges Kar aus. Die Senke, die nach dem Schmelzen des Gletschers zurückblieb, füllten die vom Feldberg kommenden Bäche mit Wasser. Der See ist heute 33 Meter tief. An seinem Abfluss hat sich ein Moor ausgebreitet.

Feldsee im Süden des Schwarzwalds

Am Laacher See

Gasblasen lassen das flache Wasser am Südostufer des Sees stetig blubbern. Sie sind die letzten Zeugen gewaltiger Kräfte im Untergrund, die vor 11 000 Jahren eine verheerende Katastrophe ausgelöst haben. Damals ist dort, wo heute der See liegt, ein Vulkan ausgebrochen. Seine Aschenwolken verteilten sich über ganz Mitteleuropa.

Die Erde unter dem Laacher See hat sich längst wieder beruhigt. Doch die Magmakammer in der Tiefe, aus der die heiße Gesteinsschmelze feinst verteilt hervorschoss, schickt immer noch Lebenszeichen zur Oberfläche. Kohlendioxid-Gas steigt in Rissen und Spalten auf, durchströmt den Seeboden und perlt im Wasser aus.

Wissenschaftler untersuchen regelmäßig die Spurengase in diesem Hauch aus dem Erdinnern. Sie können daran die Aktivität im Untergrund des Laacher-See-Vulkans ablesen, der noch nicht erloschen ist. Die Wasserpflanzen halten Abstand zu den Gasblasen. Denn zu viel Kohlendioxid ist für sie Gift. Etwas weiter entfernt hat sich das Gas mit dem Wasser vermischt. Verdünnt wirkt es wie ein Dünger und lässt die Pflanzen sprießen.

Südostufer des Laacher Sees in der Eifel

Eis auf dem Bayerischen Meer

Risse zeichnen bizarre Muster in die verschneite Eisdecke. Die Buchten des Chiemsees, der auch das »Bayerische Meer« genannt wird, frieren fast in jedem Winter zu. Nur sehr selten erstreckt sich das Eis über den ganzen See, der etwa 80 Quadratkilometer groß ist. Meistens sind die Kälteperioden zu kurz.

Hier zeugt die große offene Stelle davon, dass das Wasser noch zirkuliert, weil es noch nicht überall die zum Frieren nötige Temperatur hat. Denn Wasser erreicht nicht erst am Gefrierpunkt bei 0 Grad Celsius, sondern schon bei 4 Grad Celsius seine größte Dichte – und sinkt zum Seeboden ab. Dabei drückt es das wärmere Wasser von dort nach oben. Erst wenn der gesamte See kälter ist als 4 Grad Celsius, stoppt die Zirkulation. Dann kann das Wasser an der Oberfläche bis unter den Gefrierpunkt bei 0 Grad Celsius abkühlen, und eine vollständige Eisdecke entsteht.

Winterliche Eisdecke am Nordwestufer des Chiemsees

Delta im Chiemsee

Etwa 180 000 Kubikmeter Schutt transportiert die Tiroler Achen im Jahr aus den Alpen in den Chiemsee.

An ihrer Mündung breitet sie den mitgeschleppten Sand und das Geröll über mehrere Arme aus. Das Delta wächst dadurch bis 25 Meter jährlich ins Wasser vor. In etwa 8000 Jahren wird der See verlandet sein.

Seit Ende der Eiszeit vor etwa 10 000 Jahren hat der Chiemsee durch die Fracht, die die Tiroler Achen und andere, kleinere Flüsse und Bäche stetig in ihm ablagerten, bereits zwei Drittel seiner ursprünglichen Größe eingebüßt. Er ist heute auch nur noch etwa 73 Meter tief. Ursprünglich lag sein Grund 250 Meter unter dem Wasserspiegel.

Seine beiden Nachbarn, der Rosenheimer und der Salzburger See, sind schon bald nach dem Gletscherrückzug verlandet. Das aus den Alpen abfließende Schmelzwasser mit seiner großen Schwemmfracht hat sie zugeschüttet. Heute zeugen nur noch mächtige Sand- und Tonablagerungen von der einstigen Existenz dieser Gewässer.

Mündung der Tiroler Achen in den Chiemsee im Voralpenland

Schrumpfender Federsee

Nachdem sich vor etwa 12 000 Jahren die Alpengletscher aus dem oberschwäbischen Vorland zurückgezogen hatten, breitete sich der Federsee in einer Senke über 30 Quadratkilometer aus. Seither verlandet er. Heute ist er nur noch knapp eineinhalb Quadratkilometer groß.

Dichte Schilfwälder säumen die Ufer. Im Frühjahr hebt sich das Röhricht mit seiner fahlen hellbraunen Farbe deutlich gegen das frische Grün der ersten Wasserpflanzen und Feuchtwiesen ab.

Der Name Federsee kommt vermutlich von dem keltischen Wort »Phedar«, das so viel wie Sumpf oder Morast bedeutet. Das Gebiet wird schon sehr lange besiedelt. Archäologen haben dort sogar Reste aus der Steinzeit ausgegraben. Die Menschen lebten damals in Pfahlbauten, um sich gegen die Feuchtigkeit im Boden und gegen Überschwemmungen zu schützen.

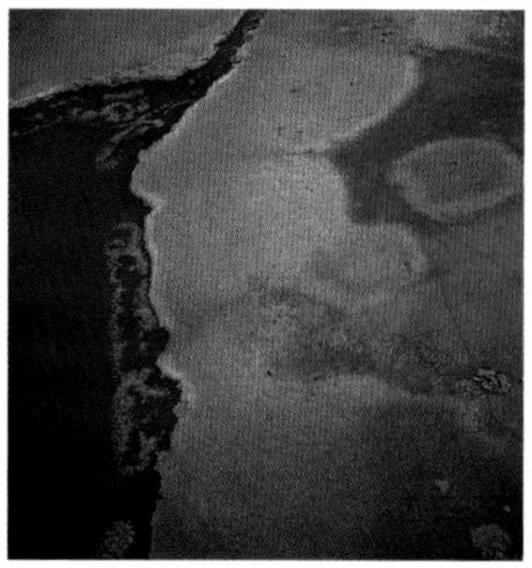

Federsee im größten Moorgebiet
im Südwesten Deutschlands

Am Fürstenseer See

Smaragdgrün schimmern die flachen Ränder dieses Sees, der hauptsächlich von Grundwasser gespeist und durchströmt wird. Auch die Rasen aus Armleuchteralgen, die den Seeboden überziehen, halten das Wasser sauber. Sie verbrauchen bei der Photosynthese, dem Erzeugen von Körpersubstanzen mit Hilfe des Sonnenlichtes, so viel im Wasser gelöstes Kohlendioxid und Nährstoffe, dass für das einzellige, wassertrübende Plankton kaum mehr etwas übrig bleibt. Es kann sich also nicht vermehren. Der See ist daher sehr klar. Noch bei 10 Meter Tiefe ist der Seegrund von der Wasseroberfläche aus zu erkennen.

Dichte Schilfgürtel schützen die Ufer vor dem Abtrag durch die Wellen. Sie treiben jedoch auch die Verlandung voran. Denn zwischen Wurzeln und Halmen bleiben die vom Wasser herangespülten Sedimente hängen. Dadurch wächst der Boden in die Höhe und in den See hinein. Mit der Zeit fassen neben dem Schilf auch andere Pflanzen Fuß und festigen das neue Land.

Fürstenseer See bei Neustrelitz, Müritz Nationalpark in Mecklenburg-Vorpommern

Mittelgebirge

Den sanften Hügelketten der Mittelgebirge sind die dramatischen Vorgänge nicht anzusehen, die sie geformt haben. Doch an dem Gestein, das unter den Wäldern, Wiesen und Feldern verborgen liegt und nur an wenigen Stellen zu Tage tritt, ist seine bewegte Geschichte genau abzulesen. Falten und Schieferung zeugen von der höllischen Hitze und dem enormen Druck, dem sie ausgesetzt waren. Versteinerte Tiere und Pflanzen erzählen über das Klima und über die Verteilung von Land und Meer in längst vergangenen Zeiten.
Im Schwarzwald haben Wissenschaftler erst 1985 ein Stück von einem grünlichen, sehr harten Felsblock abgeschlagen, der sich bei genauerer Analyse im Labor als das älteste Gestein Deutschlands entpuppte. Vor etwa 2,1 Milliarden Jahren, im Präkambrium, war es Teil einer Basalt-Lava, die aus dem Schlot eines vermutlich untermeerischen Vulkans ausgeflossen war. Später wurde es in einer so genannten Subduktionszone mit einer abtauchenden Kontinentalplatte etwa 60 Kilometer tief in die Erdkruste hinabgezogen und dort unter dem hohen Druck in ein Gestein namens Eklogit umgewandelt. Als später die Erdkruste verfaltet und gehoben wurde, geriet der Eklogit – als Block eingebettet in wesentlich jüngere Gesteine – wieder nahe an die Oberfläche, wo ihn schließlich die Verwitterung freigelegt hat.
Es gibt eine Phase in der Erdgeschichte, in der die Mittelgebirge höher waren als heute – vielleicht sogar höher als derzeit die Alpen.

Der Drachenfels im Siebengebirge: Eine Ruine krönt heute die Reste des ehemaligen Vulkans.

Das lässt sich jedoch nicht mehr überprüfen. Die Belege dafür sind im Lauf der Jahrmillionen verwittert und abgetragen worden.
Sicher ist, dass gegen Mitte des Erdaltertums vor etwa 400 Millionen Jahren 3 Meeresarme über dem heutigen Mitteleuropa lagen, in denen sich der Abtragungsschutt der angrenzenden Inseln und Kontinente ansammelte.
Vor etwa 360 Millionen Jahren wurden die Schollen der damaligen Erdkruste zusammengeschoben. Das Wasser verschwand. Die Sedimentschichten auf dem Grund der Meere wurden dann verfaltet und emporgedrückt. Dabei entstand der variszische Gebirgsgürtel, der ähnlich wie heute der alpine Gebirgsgürtel die Erde umspannte. Teile der alten Bergrücken sind in den europäischen Mittelgebirgen von Portugal bis Polen erhalten – und darüber hinaus auch in den Appalachen Nordamerikas im Westen sowie im Tienshan und anderen innerasiatischen Gebirgen im Osten.
Noch während Schwarzwald, Harz, der Bayerische Wald, Fichtel- und Erzgebirge, Spessart, Odenwald sowie das Rheinische Schiefer-

Vorhergehende Doppelseite:
Rauschenstein im Elbsandsteingebirge

gebirge emporwuchsen, wurden sie auch wieder abgetragen. Flüsse transportierten den Schutt in die Senken im Innern und am Rand des Gebirgsgürtels, wo im Erdzeitalter des Karbon dichte Wälder wuchsen. Sie wurden von der Fracht der Flüsse begraben und gerieten dabei immer tiefer in die Erdkruste. Der hohe Druck und die hohen Temperaturen, die dort herrschen, wandelten die Pflanzenreste in die Steinkohle um. Sie wird heute in den Bergwerken im Ruhrgebiet und im Saarland abgebaut.

Versteinertes Leben

Bereits zu Beginn des Erdmittelalters, vor etwa 250 Millionen Jahren, waren die variszischen Gebirge so stark eingeebnet, dass das Meer wieder vordringen konnte. Darin setzten sich erneut Sedimente ab, zum Beispiel auch die roten Sandsteine am Ostrand des Odenwaldes und des Schwarzwaldes, oder die Kalkschichten des schwäbischen und fränkischen Jura-Gebirges, die durch ihre Versteinerungen von Muscheln, Fisch- und Flugsauriern und des ersten Vogels auf der Erde, des Archäopteryx, berühmt wurden.

Teufelsmauer: Gewaltige Kräfte stellten diese ursprünglich flach liegende Kalkrippe am Harz-Nordrand senkrecht.

Im Zeitalter der Kreide, vor etwa 100 Millionen Jahren, war das Gebiet des heutigen Elbsandsteingebirges eine Küste, an der Flüsse, Wellen und Gezeiten Hunderte Meter hoch Sand anspülten. Daraus wurde der Sandstein, der heute die spektakulären Felstürme des Gebirges aufbaut.
In der Kreidezeit geriet die Erdkruste im Bereich der Mittelgebirge noch einmal kräftig in Aufruhr. Unter dem Druck, den die afrikanische auf die eurasische Kontinentalplatte ausübte, wurden nicht nur die Alpen aufgefaltet, auch Gebiete weiter im Norden wurden hochgequetscht. Dazu gehören der Teutoburger Wald und der Harz sowie der Thüringer Wald mit dem Bayerischen Wald und seinen böhmischen Nachbargebirgen.
In der frühen Erdneuzeit, vor etwa 50 Millionen Jahren, begann der Oberrheingraben einzusinken. Die Schollen links und rechts, mit dem heutigen Schwarzwald und den Vogesen, stiegen dabei empor. Vulkane brachen aus. Reste davon sind heute noch im Siebengebirge, in der Eifel, im Hegau und im Westerwald zu finden. Auch Vogelsberg und Kaiserstuhl waren damals aktive Feuerberge.
Diese Unruhe im Untergrund der harmlos anmutenden Landschaften der Mittelgbirge ist heute noch spürbar – in den Erdbeben, die manchmal den Oberrheingraben, aber auch andere Gebiete in Deutschland erschüttern.

Rosssprung über das Bodetal

Vor etwa 300 Millionen Jahren, im Erdzeitalter des Karbon, als der Harz zum Gebirge aufgefaltet wurde, drang Magma aus dem Innern unseres Planeten in die Schichten ein, blieb dort stecken, kühlte ab und erstarrte zu Granit. Erst als der Harz vor 80 Millionen Jahren, in der Kreidezeit, zum zweiten Mal durch Bewegungen in der Erdkruste emporwuchs, gelang es der Verwitterung, so viel Sediment abzutragen, dass der alte Granitkern zum Vorschein kam. Inzwischen hat der Fluss Bode sein gewundenes Bett bis zu 250 Meter tief in den Fels eingeschnitten.

Der Name dieses Flusses leitet sich von dem sagenhaften Böhmenkönig Bodo her, der in dieses Tal stürzte und seither dort die Krone des Riesenfräuleins Brunhilde bewacht. Sie hatte das Schmuckstück verloren, als sie vor Bodo floh und dabei mit ihrem Ross über dieses Tal setzte. Der waghalsige Sprung ist ihr gelungen. Auf dem Rosstrappen-Felsen gibt es einen Hufabdruck, der dies bezeugen soll.

Steilwand des Rosstrappen-Felsens im Naturschutzgebiet
Bodetal am Nordrand des Harzes

Wälder im Fichtelgebirge

An kalten Wintertagen überzieht Raureif die filigranen Zweige der Laubbäume mit feinen Eisnadeln, während die Äste der Fichten schwer mit Schnee beladen sind.
Ob tatsächlich die vielen Fichten, die heute in den Wäldern des Fichtelgebirges wachsen, namensgebend für diese Gegend waren, ist nicht bekannt. Sicher ist jedoch, dass die Wälder dort ursprünglich aus Tannen und Buchen bestanden haben.
Im 11. Jahrhundert siedelten erstmals Menschen im Fichtelgebirge. Sie nutzten den Wald für alles, was sie zum Leben brauchten. Ab dem 18. Jahrhundert beanspruchten sie ihn über die Maßen, als Holzlieferant und Weide für ihre Tiere, aber vor allem für Bergbau und Köhlerei. Die Köhler machten aus den Stämmen der Buchen Holzkohle, die beim Verglühen genügend Hitze erzeugte, um Eisen-, Silber- und Zinnerze zu verhütten.
Aufgeforstet wurden die gerodeten Gebiete dann mit rasch nachwachsenden Fichten.
Heute bemühen sich die Forstämter darum, bei Neuanpflanzungen wieder mehr Tannen zu setzen, daneben Vogelbeerbäume und Buchen, um dem Wald wieder seinen ursprünglichen stabilen Zustand zu verleihen.

Buchen-Fichten-Altholz am Schneeberg im Fichtelgebirge

Felsburg am Brocken

Im Zeitalter des Tertiär, das vor etwa 65 Millionen Jahren begann und mit dem Anfang der Eiszeit vor etwa 2 Millionen Jahren endete, war das Klima wesentlich wärmer als heute. Damals ist das Granitgestein im Harz tiefgründig verwittert. Wasser drang über horizontale und vertikale Spalten und Risse viele Meter tief unter die Erdoberfläche ein und löste den Fels bevorzugt entlang dieser Kluftflächen an. Dadurch wurde er bereits unterirdisch in Blöcke zergliedert.

Während und nach der Eiszeit wurden diese Blöcke dann freigelegt. Zunächst förderte die Frostsprengung den weiteren Zerfall entlang der Klüfte. Abfließendes Schmelz- und Regenwasser spülte dann den Grus aus den Fugen, der Wind blies die Ritzen aus. Zurück blieben die zu »Felsburgen« übereinander geschichteten Steinquader.

Im Umfeld des Brocken, mit 1142 Meter der höchste Berg im Harz, ragen eine Menge solcher Blockstapel über die Wipfel des dichten Waldes hinaus. Vermutlich wird er deshalb auch als Blocksberg bezeichnet – der Sage nach ein beliebter Aufenthaltsort von Hexen.

Granitklippen im Bereich der Hohne an der Ostflanke des Brockens im Nationalpark Hochharz

Auf dem Lusen

Ein ausgedehntes Blockmeer bedeckt den Gipfel des 1373 Meter hohen Lusen, nach dem Großen Arber mit 1456 Metern und dem Großen Rachel mit 1453 Metern der dritthöchste Berg im Bayerischen Wald. Die Brocken sind aus Granit, wie die Blockfelder in vielen anderen Mittelgebirgen auch. Ursprünglich waren diese Trümmer ähnlich übereinander gestapelt wie etwa die Felsburgen im Harz. Doch während der Eiszeit hat der Frost die Türme gesprengt.

Die einzelnen Brocken liegen heute wie zur Halde aufgeschüttet. Sie sind von hellgrünen Flechten überzogen – der Rentierflechte, die normalerweise nur in den Tundren nördlich des Polarkreises vorkommt.

Der Bergfichtenwald, der vom sauren Regen und vom Borkenkäfer nahezu vollständig zerstört ist, wird im Nationalpark ganz sich selbst überlassen. Seine weitere Entwicklung wird in einem Forschungsprojekt überwacht. Es gibt erste Anzeichen dafür, dass sich dort anstelle der Fichten ein Mischwald mit Vogelbeerbäumen entwickelt.

Lusen im Nationalpark Bayerischer Wald

Der Falkenstein

Der steilwandige Felskoloss überragt den Wald um 80 Meter Er gehört zu den Resten eines ehemaligen Sandsteinplateaus, von dem die Verwitterung nur noch einzelne Blöcke übrig gelassen hat – das Elbsandsteingebirge. Vor etwa 100 Millionen Jahren, in der Kreidezeit, war das heutige Mitteleuropa von einem warmen Meer überdeckt, aus dem einige große Inseln herausragten. Dort, wo sich heute die Felsen des Elbsandsteingebirges erheben, lag eine Meerenge. Es brandeten Wellen an die Küsten und lagerten dabei Unmengen von Sand ab, der sich später verfestigte und durch Bewegungen der Erdkruste in die Höhe gedrückt wurde. 600 bis 1000 Meter dick war das Schichtpaket aus verschiedenen Sandsteinlagen. Regen und Wind griffen das Felsplateau an, die Ur-Elbe und ihre Nebenflüsse haben es schließlich »zersägt«.

Lange Zeit war dieser dicht bewaldete Landstrich kaum besiedelt. Ende des 18. Jahrhunderts hatte er noch gar keinen Namen. Erst an der Wende zum 19. Jahrhundert, in der Zeit der Romantik, entdeckten Reisende die Schönheit und Wildheit dieser Gegend. Heute ist sie zudem ein beliebtes Kletterrevier.

Falkenstein im Elbsandsteingebirge im Nationalpark Sächsische Schweiz

Im Hohloh-Hochmoor

Der Schwarzwald gehört ebenso wie der Harz und der Bayerische Wald zu den Mittelgebirgen in Deutschland, die zur Eiszeit vergletschert waren. Beim Abschmelzen der weißen Massen vor etwa 10 000 Jahren blieben in den Senken der Gebirge Schuttlagen zurück. Sie dichteten die Becken nach unten hin ab, sodass sich Wasser darin sammeln konnte. Kleine Sümpfe und Seen entstanden, darunter auch der Hohlohsee.

In seiner Umgebung wächst seither ein Hochmoor heran. Torfmoose und Sauergräser siedelten sich in dem durchfeuchteten Boden an. Als sie abstarben, wandelten sich deren Wurzeln, Stängel und Blätter zu Torf um. Dies wiederholte sich bis heute unzählige Male – und so gewann der Boden an Höhe.

Das Wasser im See ist von Huminstoffen dunkel gefärbt und so sauer, dass keine Fische darin leben können. Dafür sprießen interessante Pflanzen in der Umgebung, der Sonnentau zum Beispiel, dessen Blätter viele feine Tentakeln tragen. Diese sondern Sekrettropfen ab, sodass Insekten gefangen und verdaut werden können.

Hohloh-Moor nahe Kaltenbronn im Schwarzwald
südöstlich von Baden-Baden

Am Ochsenkopf

Die Nadelbäume in den Hochlagen des Fichtelgebirges haben im Winter schwer zu tragen. Während langer Kälteperioden bleibt der Schnee auf den Zweigen liegen. Zudem setzt sich ständig frischer Raureif an – feinste Nadeln aus Eis, das mit der Zeit die verschneiten Äste und schließlich ganze Bäume wie ein weißer Panzer umschließt.

Die jungen Fichten auf dem Ochsenkopf stammen aus dem Bayerischen Wald. Sie sind widerstandsfähiger als ihre Verwandten, die zuvor auf dem zweithöchsten Gipfel des Fichtelgebirges wuchsen. Diese mittlerweile gerodeten Bäume litten unter dem sauren Regen und den Schadstoffen, die bis weit in die 80er Jahre hinein von den umliegenden Kraftwerken in die Luft geblasen wurden. Die jungen Bäume sind dagegen an das harte Klima angepasst. Sie können dem kalten Wind besser trotzen und auf ihren schmalen Kronen bleibt weniger Schnee liegen.

Gipfelbereich am 1023 m hohen Ochsenkopf im Fichtelgebirge

Der harte Pfahl

Helle Wände aus nahezu reinem Quarz durchziehen den Bayerischen Wald. Immer wieder tauchen sie auf, wie aneinandergereiht über eine Strecke von etwa 150 Kilometer von Nabburg im Nordwesten bis Passau im Südosten. Sie zeichnen eine einzigartige Bruchzone in der Erdkruste Europas nach. Dort sind vor 250 bis 300 Millionen Jahren – am Ende und kurz nach der Variszischen Gebirgsbildung, als die Mittelgebirgszüge Deutschlands und damit auch der Bayerische Wald aufgefaltet wurden – heiße wässrige Lösungen aus dem Erdinnern aufgestiegen und als Quarz auskristallisiert.

Dieser Quarzfels des Pfahl ist wesentlich härter als das Gestein in seiner Umgebung. Er hielt der Verwitterung besser stand und steht heute in bis zu 30 Meter hohen und mehrere Meter breiten Mauern in der Landschaft. Vom ursprünglichen Pfahl ist allerdings nicht mehr allzu viel übrig. Denn seit Beginn des 20. Jahrhunderts wird das harte Gestein abgebaut, zerkleinert und als Schotter für den Straßenbau verwendet. In jüngerer Zeit bricht man den Quarz, der rein chemisch gesehen eine Silizium-Sauerstoff-Verbindung ist, auch zur Gewinnung von Silizium. Die Substanz wird in der chemischen Industrie verwendet, zum Beispiel für Metalllegierungen, aber auch zur Herstellung von Computerchips sowie Solarmodulen.

Der Quarzpfahl im Bayerischen Wald nahe Viechtach

Der Pfaffenstein

Eigentlich ist der Fels des Elbsandsteingebirges sehr hell, manchmal gelblich bis zu rotbräunlich gefärbt. Die Farbe ist jedoch überall von einer grauen Verwitterungskruste überdeckt. Die 3 bis 5 Zentimeter dicke Schicht schützt das Gestein vor weiteren Angriffen durch Wind und Wetter.

An der schwarzen Patina, die den Pfaffenstein ebenso wie die anderen steilen Felspartien des Elbsandsteingebirges überzieht, sind auch Algen beteiligt. Sie besiedeln die besonders porösen Stellen der Felshänge, weil sich dort das Wasser hält – und sie brauchen die Feuchtigkeit zum Leben.

Der Sandstein wird in der Nähe der Elbe seit dem 13. Jahrhundert gebrochen. Die Burg in Meißen und das barocke Dresden sind damit erbaut. Der Stein wurde auch exportiert, zum Beispiel nach Kopenhagen, der Hauptstadt Dänemarks. Dort ist das Schloss daraus errichtet.

Felstürme des Pfaffenstein im Elbsandsteingebirge

Inseln

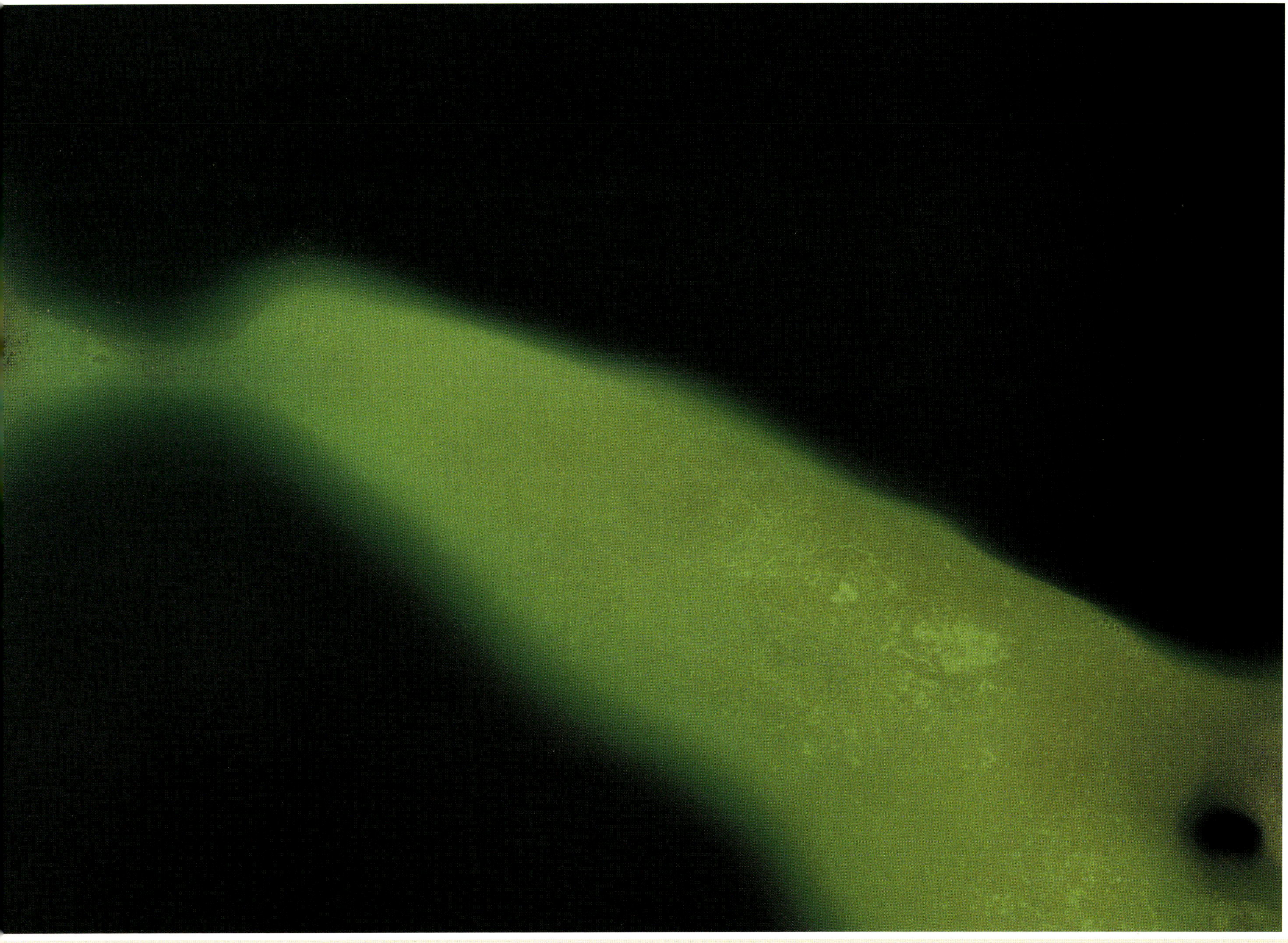

Rundum Wasser

Mindestens 274 Inseln gibt es in Deutschland. Ein begeisterter Insel-Zähler hat sie im Internet aufgelistet – von A wie Amrum vor der Schleswig-Holsteinischen Nordseeküste bis Z wie Ziehfurt, einer kleinen Flussinsel im Lauf der Mosel.
Die größte Insel Deutschlands ist Rügen. Sie liegt nur 1 Kilometer vom Festland entfernt an der Mecklenburg-Vorpommerschen Küste in der Ostsee. Sie ist ein Relikt der Eiszeit. Die Gletscher, die sich damals von Skandinavien bis weit nach Norddeutschland hinein erstreckten, lagerten dort ihren Schutt ab. Beim letzten Eisvorstoß haben sie zudem wie Bulldozer alte Schichten aus der Kreidezeit vom Untergrund abgehobelt und schräg gestellt. Was ursprünglich übereinander gestapelt war, liegt seither nebeneinander: die weiß und grau schimmernden, stellenweise über 100 Meter hohen Kreidewände an der Steilküste Rügens und der Moränenschutt der Gletscher.

Dicht bewaldet: Inseln im Carwitzer See südöstlich Neubrandenburgs

Aus den riesigen Findlingsblöcken, die das Eis von Skandinavien antransportiert hat, errichteten bereits die Menschen in der Jungsteinzeit auf der großen Insel Hühnengräber. Aus den dunklen Feuersteinknollen, die im Kreidefels stecken, machten sie scharfe Klingen, die sie auch aufs Festland exportierten.

Eleganter Wellenbrecher

Vor der Westküste Rügens liegt die wohl zugleich längste und schlankeste Insel Deutsch-

lands. Wie ein eleganter Wellenbrecher erstreckt sich Hiddensee, nur durchschnittlich 1 Kilometer breit und knapp 18 Kilometer lang, von Norden nach Süden und schützt das große Nachbar-Eiland vor dem Ansturm der Ostsee. An seiner dünnsten Stelle misst Hiddensee lediglich 150 Meter in der Breite und ist nur etwa 1,5 Meter hoch. Dort ist es verwundbar. Eine besonders starke Sturmflut, die die Ostsee etwa alle 20 Jahre heimsucht, kann dort die Insel durchstoßen.
1864 hat das vom Wind aufgewühlte Meer schon einmal an der Stelle eine Schneise durch das Eiland geschlagen. 250 Meter breit und 7 Meter tief war der Kanal, der Hiddensee in zwei Stücke teilte. Doch mit finanzieller Hilfe von Kaiser Wilhelm konnten die Bewohner der Insel das Loch mit Sand wieder verschließen.
Sturmfluten machen – im Zusammenspiel mit den Gezeiten – auch in der Nordsee den Inseln zu schaffen. Die nordfriesischen Halligen haben im Lauf der letzten Jahrhunderte im Kampf gegen das Meer ständig verloren. Noch im 16. Jahrhundert waren 29 der klei-

Vorhergehende Doppelseite: Kleine Insel im Großen Ostersee südlich des Starnberger Sees in Bayern

nen Inseln bewohnt. Jetzt tragen nur noch 10 einen Namen, viele wurden ganz von den Wellen verschlungen.

Wandernde Eilande

Die Ostfriesischen Inseln wandern. Der vorherrschende Westwind und die Wellen tragen ständig auf der Westseite Sand ab, lagern ihn aber an der Ostseite der Inseln wieder an. So schiebt sich die Inselkette von Borkum bis Wangeroog langsam nach Südosten. Wangeroog zum Beispiel wurde im Verlauf von 2000 Jahren um 4 bis 5 Kilometer verlagert. In der Nordsee liegt auch die einzige Hochseeinsel von Deutschland – Helgoland. 60 Kilometer trennen diese rote Felsinsel vom Festland.
Mellum, die teilweise grüne Düneninsel in der Mündung von Weser und Ems, dürfte eine der jüngsten größeren Inseln Deutschlands sein. Sie ist erst am Ende des 19. Jahrhunderts im Watt zwischen Jade und Wesermündung entstanden. Das Wasser transportierte von der Meerseite den Sand heran, der Wind

Verzweigte Barriere: Flussinsel mit Auwäldern im Inn bei Braunau

häufte ihn auf und Pflanzen festigten das junge Eiland. Es ist von 7 Hektar im Jahr 1903 auf über 75 Hektar bis heute angewachsen. Die unbewohnte Mellum ist ein wichtiger Lebensraum für Vögel und Seehunde.

Zollhäuser auf Flussinseln

Aus dem Wasser von Nord- und Ostsee ragen im Bereich Deutschlands 83 Inseln. Wesentlich mehr Eilande liegen in den Flüssen und Strömen. Gebirgsbäche sind Meister im Erzeugen und Zerstören von namenlosen, kurzlebigen Inseln – je nach Wasserstand und Schuttfracht tauchen sie als Kiesbänke im Bachbett plötzlich auf und verschwinden wieder bei der nächsten Flut. Inseln in den Mittel- und Unterläufen von Flüssen sind, wenn unbewohnt, oft von dichtem Auenwald bewachsen.
Mittelalterliche Herrscher nutzten die Inseln im Rhein, um dort Zollhäuser wie etwa die berühmte Burg Pfalzgrafenstein zu errichten und bei den vorbeifahrenden Schiffen abzukassieren.
Nur 40 Kilometer von der kleinen Trutzburg flussabwärts liegt mitten im Strom die Insel Niederwerth. Sie ist die einzige Flussinsel Deutschlands mit einer Dorfgemeinde. Im 18. Jahrhundert lebten dort hauptsächlich Schiffer und Fischer. Später siedelten sich Bauern an, und bis heute wird dort und auf der Nachbarinsel Graswerth Acker- und Obstbau betrieben.

Schwimmende Inseln

Starker Wind kann diese Eilande verschieben. Sie driften dann wie führerlose Boote ganz langsam über den Kleinen Arbersee. Die Ursache für dieses Phänomen: Ende des 19. Jahrhunderts haben Waldarbeiter den Moorsee für die Holztrift um etwa einen Meter angestaut. Dadurch haben sich Teile der Torfdecke, die vom Ufer her über das Wasser vorgewachsen war, gelöst und treiben seither auf dem See.

Die schwimmenden Inseln bestehen aus einem durchnässten Geflecht von abgestorbenen, vermodernden Pflanzenresten, das von immer wieder frisch nachwachsenden Moosen, Gräsern und anderen genügsamen Pflanzen durchwurzelt ist. Sie sind 1,5 bis 3 Meter dick. Stellenweise konnten sogar Krüppelfichten darauf Fuß fassen.

1963 sollten die Inseln mit Schneidgeräten zerstückelt und aus dem Wasser geräumt werden. Doch das Vorhaben ist missglückt. Die driftenden Eilande blieben als Naturdenkmale erhalten. Insgesamt existieren drei davon auf dem Kleinen Arbersee. Sie überdecken zusammen etwa ein Drittel der Wasserfläche.

Torfinseln auf dem Kleinen Arbersee
im Bayerischen Wald

Die Krautinsel im Chiemsee

Sie liegt einige hundert Meter vom Ufer des Sees und von ihren beiden großen Nachbarn, den Inseln Frauen- und Herrenchiemsee, entfernt. Schon in der Jungsteinzeit müssen Menschen dort gewesen sein. Archäologen haben Werkzeuge in der Untiefe an der Südspitze aus dem Seeboden geholt, auch Keramikscherben aus der Eisenzeit und Münzen aus der römischen Kaiserzeit.

Die Nonnen des Klosters auf der Insel Frauenchiemsee bauten lange Zeit Gemüse und Kräuter auf dem kleinen Eiland an. Daher stammt wohl auch der Name »Krautinsel«. Heute ist sie unbewohnt. Den Sommer über nutzen Bauern die Wiesen dort als Weiden für Pferde und Kühe, die sie mit dem Boot übersetzen. Im Winter ist sie oft von einer dünnen Eisdecke umschlossen.

Krautinsel im zufrierenden Chiemsee
im bayerischen Alpenvorland

Felsinsel Sassau

Eiben, die älter als 500 Jahre sind, wachsen auf dieser unbewohnten Felsinsel neben Tannen und Fichten sowie Buchen und einigen anderen Laubbaumarten. Im klaren Wasser des Gebirgssees schimmert der Kalkuntergrund an den Ufern smaragdgrün.

Die Insel war in der Geschichte häufig ein sicherer Zufluchtsort. Im Dreißigjährigen Krieg zogen sich die Mönche des nahe gelegenen Klosters Benediktbeuren dorthin zurück. Etwas später, während des spanischen Erbfolgekriegs, flüchtete sich der Abt des Klosters erneut dorthin, allerdings mit Kanonen zur Verteidigung. Er ließ dort auch ein Haus für die Mönche bauen, von dem allerdings nur noch Reste der Grundmauern existieren. Eine Zeit lang befand sich die Insel in Privatbesitz. Heute gehört sie dem bayerischen Staat und ist als Waldreservat und Naturschutzgebiet ausgezeichnet – Zutritt verboten.

Insel Sassau im Walchensee in den Bayerischen Alpen

Moränenhügel im Wummsee

Dichte Laubwälder aus frühjahrsgrünen Buchen, Eichen und Birken wachsen um den Wummsee und auf seinen runden Inseln, dem Großen und dem Kleinen Horst. Schilfgürtel säumen die Ufer. Wie viele andere Inseln in den Seen Brandenburgs und Mecklenburg-Vorpommerns sind auch diese beiden Eilande die Kuppen eiszeitlicher Moränenhügel, die über den Seespiegel hinausragen.

Über dem Großen und Kleinen Horst kreisen manchmal Fischadler, die am benachbarten Stechlin-See nisten. Außerdem kann man in dem Naturschutzgebiet des Wummsees noch viele andere Tiere finden, die sonst in Deutschland selten sind, wie zum Beispiel Biber, Fischotter, Eisvögel und im klaren Wasser auch Krebse.

Die Inseln Großer und Kleiner Horst im Wummsee nördlich Neuruppin in Brandenburg

Insel Heuwiese in der Ostsee

Das flache, sumpfige Eiland liegt am Rand der Schifffahrtsrinne von der offenen Ostsee zum Hafen in Stralsund. Bei Sturm werden große Bereiche vom Meer überspült. Sie ist unbewohnt, lediglich im Sommer bringen Bauern ein paar Schafe per Boot zum Weiden auf die Salzwiesen der Insel. Dort brüten auch viele Vogelarten. Die Tümpel sind mit Brackwasser gefüllt. Noch vor 1000 Jahren war die Heuwiese vermutlich Teil der Insel Ummanz an der Westseite von Rügen. Das Wasser zwischen Ummanz und Heuwiese ist nur knietief. Weil die Untiefen rund um das kleine Eiland bei schlechter Sicht der Schifffahrt gefährlich werden konnten, wurde es schon im 14. Jahrhundert in Seekarten eingezeichnet.

Insel Heuwiese im Kubitzer Bodden,
Nationalpark Vorpommersche Boddenlandschaft

Flussinseln im Bärenloch

Flussinseln, die aus angespültem Sand und Kies bestehen, sind oft nur kurzzeitige Erscheinungen. Denn das strömende Wasser lagert sie immer wieder um. Zumindest Teile dieser Insel im Schwarzen Regen sind aus anstehendem Fels und daher unverrückbar. Bäume können darauf wurzeln. Einige Wasserarme zerstückeln das spindelförmige Eiland, auf dem ein Teppich üppig grüner Grasbüschel wuchert.

Die Insel verengt den Fluss so stark, dass er bei höherem Pegelstand zum Wildwasser wird. Bärenloch heißt das Waldstück an dieser Stelle. Dort ist schon mancher Kanufahrer im Fluss gekentert.

Der Schwarze Regen vereinigt sich einige Flusskilometer weiter mit dem Weißen Regen zum eigentlichen Fluss Regen, der bei Regensburg in die Donau mündet. Er führt von Huminstoffen dunkel gefärbtes Moorwasser mit sich, daher der Name.

Flussinseln im Schwarzen Regen nahe Teisnach im Bayerischen Wald

Sandinsel Rottumeroog

Bei Flut hat das Eiland nur etwa 1 Kilometer Durchmesser, bei Ebbe – wenn der Wasserspiegel um etwa 2 Meter sinkt, wächst ihre Fläche um ein Mehrfaches an. Strömung, Wind und Wellen haben den Sand herangetragen und zur Insel aufgeworfen. Salz liebende Pflanzen wachsen in ihrem Zentrum und festigen das kleine Eiland, sodass es dem Ansturm der Wellen trotzen kann.

Beim Gezeitenwechsel strömt Wasser über einen gewundenen Priel auf die dunkle tiefe Schifffahrtsrinne zu, die den Hafen von Emden und den Strom Ems mit der offenen Nordsee verbindet.

Rottumeroog ist unbewohnt. Ihre nächstliegenden bewohnten Nachbarinseln sind im Westen das etwa 30 Kilometer entfernte westfriesische Schiermonnikoog und etwa 7 Kilometer im Osten das ostfriesische Borkum.

Rottumeroog, etwa 1 Kilometer westlich der deutsch-holländischen Grenze

Inseln im Wildsee-Hochmoor

Die Ufer dieser Inseln zu betreten, ist gefährlich. Denn sie bestehen aus Schwingrasen – einem Mix aus Torf und dichtem Pflanzenwuchs, der, weil er leichter ist als Wasser, auf dem See schwimmt.

An der Stelle, wo heute der Wildsee mit seinen Inseln liegt, hatten eiszeitliche Gletscher beim Abschmelzen eine Schicht aus feinstem Sand und Ton hinterlassen. Sie dichtete den zerklüfteten Fels ab. Deshalb konnte Regenwasser nicht in Spalten und Ritzen versickern, sondern sammelte sich und hielt den Boden feucht. Ein Moor entstand. Der ständige Nachschub an absterbenden Pflanzen ließ es mehrere Meter in die Höhe wachsen.

Dann ist der weiche, nasse Torfboden an manchen Stellen aus bislang unbekannten Gründen plötzlich in sich zusammen gesackt. In der Senke bildete sich der Wildsee. Naturschützer sprechen von »einem See wie auf einem Schwamm«, ohne Zu- und Abfluss. Im Frühsommer durchbrechen hellgrüne Sauergräser den dunklen Moorwasserspiegel.

Der Wildsee im Nordschwarzwald

Insel Neuwelt im Langbürgner See

Die langgestreckte, dicht bewaldete Insel hat eine interessante Geschichte hinter sich. Kurz nach Ende der Eiszeit war sie Teil einer Moränenlandschaft, die zeitweilig ganz vom Schmelzwasser aus den Alpen überdeckt war. Als die Gletscher im Gebirge abgeschmolzen waren und weniger Wasser abströmte, hat sich allmählich die Eggstätt-Hemhofer Seenplatte entwickelt mit ihren vielen buchtenreichen Tümpeln, Weihern und Seen, mitten drin die Insel Neuwelt als langgestreckter Moränenhügel, der über den Langbürgner Seespiegel hinausragt.

Der Name stammt wohl aus der Zeit, als das Eiland, das heute zum Landkreis Rosenheim gehört, noch in Privatbesitz war. Eigentümer war zu Beginn des 20. Jahrhunderts der Bildhauer Josef Thorak, der während der Zeit des Nationalsozialismus Karriere machte.

Doch schon lange davor waren Menschen auf der Insel. Sporttaucher haben 1973 im Langbürgner See einen Einbaum entdeckt, der aus den Jahren 710 bis 810 n. Chr. – also aus dem frühen Mittelalter – stammt.

Insel Neuwelt im Langbürgner See, dem größten See der Eggstädt-Hemhofer Seenplatte im Alpenvorland

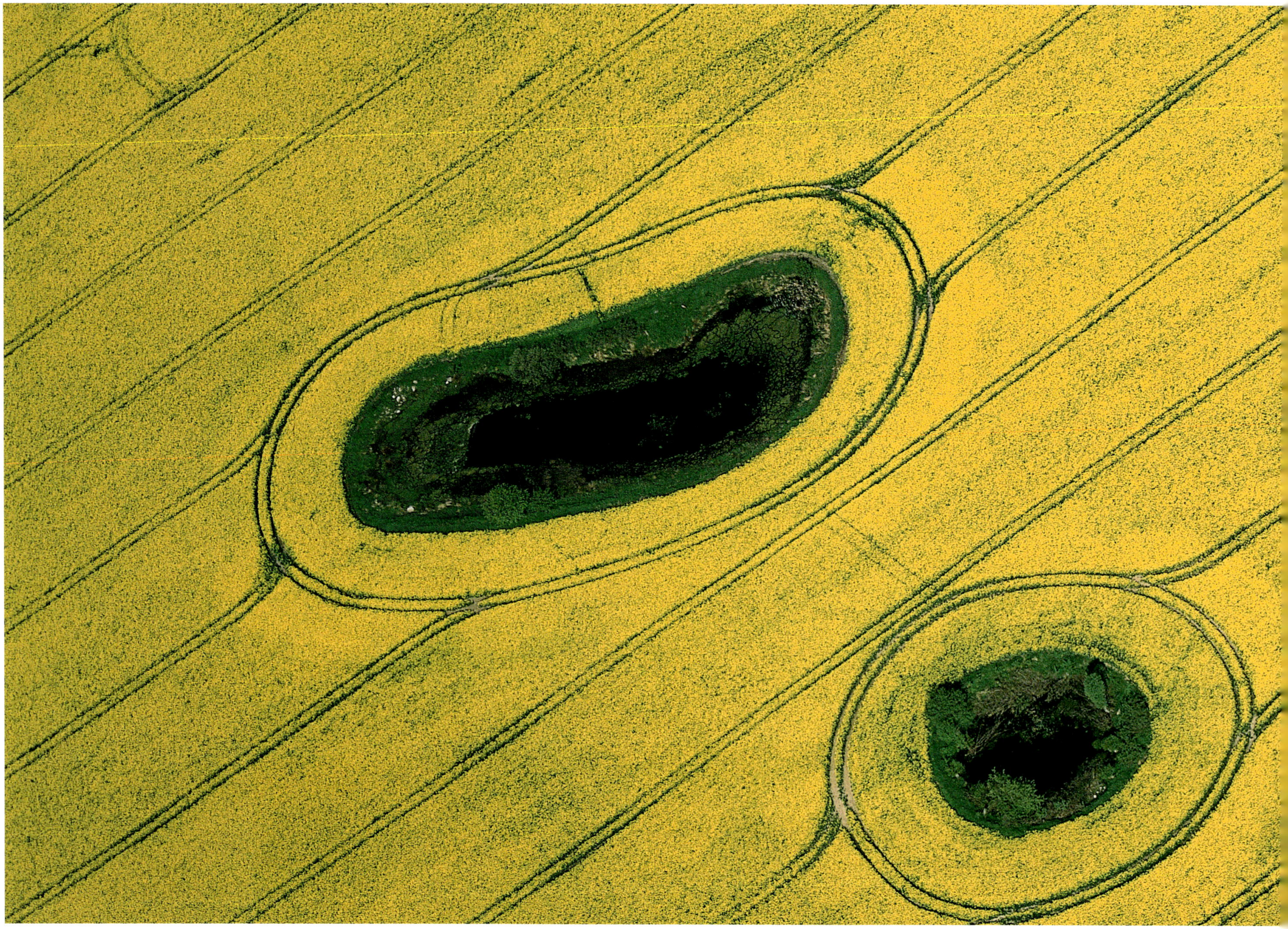

Spuren der Eiszeit

»Sollten die nordischen Gletscher wirklich von den skandinavischen Bergen bis an die Wurzener Hügel gereicht haben? Mich friert bei dem Gedanken!« So schrieb der Geologe Bernhard von Cotta (1808–1879), nachdem er auf dem Fels in den Hügeln östlich von Leipzig zahlreiche langgezogene Kratzer entdeckt hatte. Diese Schrammen könnten, so vermutete er, von Steinbrocken stammen, die durch langsam talwärts kriechendes Gletschereis mitgeschleppt wurden und dabei den felsigen Untergrund ritzten. Die Naturforscher damals kannten solche Strukturen aus den Gletschergebieten Skandinaviens. Waren also die Kratzer in den Wurzener Hügeln Zeugen längst verschwundener Eisströme? Cottas bange Frage, die er 1844 niederschrieb, wurde in Fachkreisen jedoch niemals diskutiert. Sie passte Mitte des 19. Jahrhunderts nicht ins geologische Weltbild.

Die Naturgelehrten glaubten damals, dass sich zu Eiszeiten ein Meer von Skandinavien bis zu den deutschen Mittelgebirgen erstreckte. Darin trieben Eisberge, die von den schuttbeladenen Gletschern des Nordens abgebrochen waren. Als sie in den niedrigeren Breiten schmolzen, sank das Gestein zu Boden. So sollen der alten Drifttheorie zufolge auch die großen Findlinge in die Norddeutsche Tiefebene geraten sein.

Eine andere Hypothese ging davon aus, dass eine ungeheure Schmelzwasserflut aus Skandinavien die riesigen Felsblöcke angespült hat.

Vom Hölltalferner der dieses Kar aus der Zugspitzflanke geschürft hat, ist heute nur noch ein Rest vorhanden.

Eis bis zum Harz

Erst der schwedische Geologe Otto Torrell (1828–1900), der Gletscherschrammen auf Kalkfelsen nahe Rüdersdorf bei Berlin entdeckte, verhalf 1875 der heutigen Glazialtheorie zum Durchbruch: Während der Eiszeit drangen die Eismassen aus Skandinavien in mehreren Schüben bis nach Mitteleuropa vor. Zeitweise erreichten sie sogar den Nordrand der Mittelgebirge. Im Süden krochen Gletscher aus den Alpentälern ins Vorland hinaus bis fast zur Donau. Dazwischen war nur ein 300 bis 500 Kilometer breiter Landstreifen eisfrei – eine kalte Tundra mit Dauerfrostböden, lichten Wäldern und kahlen Bergrücken, ähnlich dem heutigen Norden Finnlands oder Alaskas. Auch die höheren Lagen des Bayerischen Waldes, des Schwarzwaldes und des Harzes waren damals vereist.

Die letzte Eiszeit endete vor etwa 10 000 Jahren. Die Gletscher und ihre Schmelzwassermassen gaben der Landschaft in Mitteleuropa den »letzten Schliff«. Moränenhügel blieben zurück, wo das Eis auf seinem Rückzug den

Vorhergehende Doppelseite:
Sölle in einem Rapsfeld bei Neubrandenburg

Gesteinsschutt ablagerte, den es über Hunderte Kilometer mit sich geschleppt hatte. Die Becken, die die Gletscher ausschürften, sind heute mit Seen gefüllt. Im Alpenvorland setzten die Schmelzwasserflüsse ihre Fracht aus Geröll in weiten Schotterebenen ab, im Norden dagegen transportierten sie vor allem Sand. Der Wind blies den feinen, oft sehr kalkigen Staub aus den Ablagerungen aus und legte ihn viele Kilometer entfernt im Windschatten von Hügeln und Bergen wieder ab. Dieser Löss verwitterte rasch zu einem fruchtbaren, fetten Lehm. Die Menschen der Jungsteinzeit begannen dort vor etwa 7000 Jahren Ackerbau zu betreiben und sesshaft zu werden.

Hartes Leben

Doch schon lange davor lebten Menschen in dem Gebiet des heutigen Deutschland. *Homo erectus*, der aufrecht gehende Mensch zum Beispiel bevölkerte vor allem in den warmen Zwischeneiszeiten die damaligen Steppen und Wälder. Er machte bereits mit hölzernen Speeren Jagd auf Bisons, Hirsche, Nashörner, Wald- und Steppenelefanten. Das belegen 350 000 Jahre alte Funde bei Bilzingsleben in Nordthüringen. Das Fleisch zerteilte er mit Werkzeugen aus Stein und Horn. Er kannte bereits das Feuer und setzte sich damit vermutlich auch gegen die Furcht erregenden Säbelzahntiger zur Wehr.

Der Neandertaler, der wie wir zur Gattung des *Homo sapiens* zählt, lebte auch zu Kaltzeiten im Gebiet des heutigen Deutschland. Das belegen zum Beispiel die berühmten 60 000 Jahre alten Skelettreste aus dem Neandertal nahe Düsseldorf. Er war mit seiner gedrungenen Statur gut an das Klima angepasst. Er lebte in Höhlen, baute aber auch schon Zelte als Unterschlupf. Er unternahm Treibjagden auf das Mammut und das Wollnashorn – und er bestattete seine Toten. Der Neandertaler ist jedoch noch während der letzten Eiszeit vor etwa 30 000 Jahren ausgestorben.

Die ältesten Funde des modernen Menschen, des *Homo sapiens sapiens*, in Deutschland sind etwa 32 000 Jahre alt und stammen aus der Vogelherdhöhle in der Schwäbischen Alb. *Homo sapiens sapiens* hat also auch die riesigen Gletschermassen gesehen, die während der letzten Eiszeit Deutschland bedeckten.

Warten auf die nächste Eiszeit

Heute gibt es hierzulande kaum noch »ewiges Eis«. Lediglich 5 Gletscher sind in den Bayerischen Alpen noch zu finden: der Hölltalferner sowie der nördliche und südliche Schneeferner auf dem Zugspitz-Massiv, der Gletscher auf der Nordseite des Watzmann und das Blaueis am Abhang des mächtigen Hochkalter in den Berchtesgadener Alpen.

Zwischen 1850, dem letzten Gletscherhochstand in den Alpen, bis 1975 haben sie rund ein Drittel ihrer Fläche und die Hälfte ihres Volumens verloren. In den letzten 25 Jahren sind sie um weitere 20 bis 30 Prozent geschrumpft. In sich zusammengesunken liegen sie heute in den Karen – und warten schwitzend auf die nächste Eiszeit.

Kar im Karwendel

Die Kalkschichten, die die Soiernspitze aufbauen, sind über 200 Millionen Jahre alt. Sie wurden zur Triaszeit in der Lagune eines warmen flachen Meeres abgelagert. Gewaltige Kräfte haben sie während der Alpenbildung empor gedrückt. Seither sind sie der Verwitterung ausgesetzt.

Es waren jedoch die Gletscher der Eiszeit, die diese Bergregion in ihre heutige Form gebracht haben. Sie hobelten die 2257 Meter hohe Spitze zurecht und schürften, während sie hangabwärts krochen, 300 Meter darunter einen Kessel aus – das Kar, in dem heute ein kleiner See, die Soiernlache, liegt.

Seit das Eis vor etwa 10 000 Jahren verschwunden ist, brechen immer wieder Felstrümmer aus der Wand. Die Schuttmassen stürzen bis in die Lache am Karboden. Die Größe des Sees schwankt beträchtlich. Im Frühjahr, wenn sich dort das Schmelzwasser fängt, steigt das Wasser und der Seespiegel dehnt sich aus. Während des Sommers, wenn das Wasser verdunstet, zieht er sich wieder zurück.

Der Name Soiern lässt sich vermutlich vom keltischen Wort »Seun« für Seen herleiten.

Soiernlache im Kar unter der Soiernspitze
im Karwendelgebirge der Alpen

Im Federseeried

Die Feuchtwiesen des Federseerieds sind ein Relikt der Eiszeit. Damals breitete sich dort, rund 50 Kilometer vom Alpenrand entfernt, der Oberrheingletscher aus. Als er sich vor etwa 12 000 Jahren zurückzog, hinterließ er eine Hügellandschaft aus Schutt und eine flache Senke, in der sich der Ur-Federsee ausbreitete.

Etwa 95 Prozent des ursprünglich 30 Quadratkilometer großen Gewässers sind inzwischen verlandet. Doch der Boden ist nass. Je nach Wassergehalt wachsen dort heute Büsche und Bäume, Schilfgras oder Feuchtwiesen.

Vor allem morgens und abends durchstreifen Rehe das Federseeried, um zu äsen. Deutlich zeichnen sich ihre Wechsel als feine Linien im frischen Frühjahrsgras ab.

Federseeried, 10 Kilometer westlich von Biberach in Oberschwaben

Das Tal des Königssees

Die Gletscher der Eiszeit konnten das Tal des Königssees deshalb so tief und steil ausschürfen, weil dort eine vorgezeichnete Schwächezone das Gestein durchzieht: Das Tal folgt einer großen Störung – also einer Bruchzone, an der die Gesteinsschichten während der Alpenfaltung gegeneinander versetzt wurden. Da in solchen großen Bewegungsbereichen der Fels stark beansprucht und deshalb zerklüftet ist, hatten bereits vor der Eiszeit ein Flusslauf und während der Eiszeit ein Gletscher dort leichtes Spiel. Sie konnten das zerrüttete Gestein rasch abtragen und das Tal besonders tief aushobeln, sodass es heute einem norwegischen Fjord ähnelt.

Der See ist 7,7 Kilometer lang, sein Wasser ist 188 Meter tief. Aus den Bergen am Westufer transportiert der Eisbach eine Menge Schutt in den See. Der Schwemmkegel, auf dem das bekannte Bartholomä liegt, schiebt sich langsam aber stetig ins Wasser vor. Irgendwann in ferner Zukunft wird er den See in zwei Teile getrennt haben.

Moor im Schwarzwald

Während der Eiszeiten waren phasenweise auch die höheren Mittelgebirge in Deutschland vergletschert – neben dem Harz und dem Bayerischen Wald auch Teile des Schwarzwaldes. Reste von Moränenwällen zeugen davon ebenso wie kleine Seen und Moore. Sie bildeten sich in den Senken, welche das mit Steinen beladene Schmelzwasser ausgekolkt oder das Eis aus dem Fels herausgeschürft hat. Der Vorgang ist stellenweise noch heute zu beobachten: Schilf und Moos an den Ufern sinken nach dem Absterben ins Wasser und werden dort zu Torf, auf dem dann Gras und Kräuter wachsen. Je stabiler und trockener der Boden wird, desto mehr Pflanzen siedeln sich an, bis schließlich auch Bäume dort wurzeln.

Sumpfmoor südlich des Wildsees bei Kaltenbronn im nördlichen Schwarzwald

Gestreiftes Land von Zingst

Seit sich die skandinavischen Gletscher aus dem Ostseebecken zurückgezogen haben und das Meer vorgestoßen ist, lagern Wellen, Strömung und Wind große Mengen Sand an der Küste um. Dabei sind Fischland, Darß und Zingst, die ursprünglich Inseln waren, zu einem einzigen Landstreifen zusammen gewachsen. An der nahezu unberührten Ostspitze von Zingst, am Großen Werder, lässt sich diese Küstendynamik ablesen.

Dort spülen die Wellen den Sand an, den sie am Westende der Landzunge abgetragen haben. Der Wind weht ihn zu lang gezogenen Dünen auf. So schmiegt sich Sandwall an Sandwall. In den Tälern dazwischen kann sich Wasser ansammeln. Tümpel und Moore entstehen, welche die »Anwachsstreifen« nachzeichnen und im Gegenlicht besonders gut erkennbar machen.

Großer Werder – die Landzunge im Bild ist 1400 Meter lang – an der Ostseeküste im Nationalpark Vorpommersche Boddenlandschaft

Äcker voller Sölle

Unzählige grüne Inseln liegen in den großen Feldern von Mecklenburg-Vorpommern verstreut. Traktoren fahren um diese Vertiefungen herum, in denen nach Regenfällen oft das Wasser steht, und zeichnen sie durch ihre Reifenspuren nach. Die Inseln sind Relikte der Eiszeit. Sie kennzeichnen jene Stellen, an denen von der Stirn der Gletscher riesige Blöcke abgebrochen und beim Rückzug des Eises liegen geblieben sind. Die Eistrümmer, auch Toteis genannt, wurden unter dem Sand und Kies begraben, den die Schmelzwasserströme antransportierten und um sie herum ablagerten. Während die Blöcke abschmolzen, sackte der Schutt nach. Es bildeten sich oft kreisrunde Löcher, die Sölle, die von den Bauern bis heute erhalten wurden. Die Gründe: Die Senken sind zu tief, um sie zu verfüllen, und oft bleibt das Wasser dort nach Regenfällen tagelang stehen, was Getreide und Gemüse nicht vertragen. So konnten sich die Sölle zu wichtigen Biotopen innerhalb der ausgedehnten Agrarlandschaft entwickeln, in denen viele Pflanzen- und Tierarten einen Lebensraum finden.

Toteislöcher nahe Neubrandenburg in Mecklenburg-Vorpommern

Eis im Watzmannkar

Das Eisfeld ist mit gut 15 000 Quadratmetern Fläche der drittgrößte Gletscher Deutschlands. Größer sind nur noch zwei der drei Gletscherfelder im Zugspitzmassiv. Die Masse des Eises im Watzmannkar ändert sich rasch. 1959 war der Gletscher um etwa die Hälfte kleiner. 1980 hatte er mit 24 000 Quadratmetern seine größte Ausdehnung innerhalb der vergangenen Jahrzehnte.

Heute schwitzt der Eisrest etwa 700 Meter unterhalb des 2713 Meter hoch gelegenen Watzmanngipfels vor sich hin. Sein Schmelzwasser versickert in den Spalten des Felses oder rinnt über Bäche zum Königssee hinunter. Dessen Tal war zur Eiszeit von einem über 1000 Meter dicken Gletscher ausgefüllt.

Gletscherrest im Kar unterhalb des Watzmanngipfels (kleines Foto) in den Berchtesgadener Alpen

Der Schrecksee im Allgäu

Eingebettet in saftig grüne Almmatten ruht das blaue Wasser des Sees, dessen Becken von Eiszeitgletschern ausgeschürft wurde und seither von Gebirgsbächen gespeist wird. Der See hat jedoch nur den Sommer über eine Insel. Im Winter bis zur Schneeschmelze im Frühjahr ist das Eiland als Halbinsel an das Ufer des Sees angeschlossen, sodass man es trockenen Fußes erreichen kann. Die Ursache: Der Wasserspiegel liegt dann bis zu 8 Meter tiefer. Er senkt sich jedoch nicht von Natur aus, sondern weil das Elektrizitätswerk Hindelang ab Dezember aus dem See Wasser ablässt, um damit unten im Tal Strom zu erzeugen.

Dazu wird ein Stollen in der Staumauer geöffnet, die kaum auffindbar für den Wanderer in den natürlichen Verlauf des Karriegels, der Felsstufe zum Tal hin, eingegliedert ist. Das Wasser rinnt dann ein Stück weit in einem Bachbett und versickert dann im zerklüfteten Gestein der tiefer gelegenen Almböden.

Erst 450 Meter weiter unten im Tal kommt es als Quelle wieder zum Vorschein, fließt über einen Bach und einen Tagesspeicher zu den Turbinen, die es zur Energiegewinnung antreibt.

Schrecksee zwischen dem Älpele- und Kastenkopf in den Allgäuer Alpen

Der Sand der Lüneburger Heide

Im Spätsommer überziehen Teppiche aus lilafarbenen und violetten Blüten die sandigen, nährstoffarmen Böden der Lüneburger Heide. Der Sand wurde während der Eiszeit vom Wind oder von den Schmelzwässern der Gletscher antransportiert und abgelagert. Darauf wuchs ursprünglich ein dichter Wald aus Birken und Buchen – bis um 1000 n. Chr. die Menschen die Salzstöcke im Untergrund abzubauen begannen und Unmengen Holz zum Heizen der Salzsiedepfannen brauchten. Der Laubwald wurde allmählich abgeholzt – nicht nur für die Salzgewinnung, auch für den Ackerbau, der auf den kargen Sandböden allerdings kaum etwas einbrachte.

Das genügsame Heidekraut breitete sich auf den gerodeten Flächen ungehindert aus. Durch die Schafzucht konnte auch kaum eine andere Pflanze Fuß fassen. Denn die weidenden Heidschnucken hielten die Büsche kurz und rupften jeden frischen Baumschößling aus. Lediglich Polster aus Hartgräsern, Beerensträucher und Wacholdersäulen konnten sich neben dem Heidekraut behaupten. Heute werden die Schafe deshalb gehalten, um die Heidelandschaft, die um Lüneburg seit 1921 unter Naturschutz steht, zu bewahren.

Blühende Heidelandschaft nahe dem Wilseder Berg im Naturschutzpark Lüneburger Heide

Küsten

Am Meer

Bei Ebbe weicht das Wasser soweit zurück, dass der Himmel am Horizont mit dem Meeresgrund zusammenstößt, dazwischen nichts als feuchtglänzender, graubrauner Boden, völlig eben, nur stellenweise gerippelt und von Wasseradern durchzogen. »Geronnenes Land« nannte Pytheas die Küste der Nordsee, die zweimal am Tag über eine Breite bis zu 20 Kilometer trocken fällt und wieder vom Meer überflutet wird.
Der griechische Gelehrte kam um das Jahr 330 v. Chr. an die Deutsche Bucht. Er war von Marseilles aus an der Küste entlang nach Norden gereist, kam über die Britischen Inseln bis zum Eismeer und kehrte über die Nordsee und Jütland zurück. Auf seinem Weg hat er immer wieder die Sonnenhöhe gemessen, den Himmelsnordpol festgestellt, auch die Gezeiten beobachtet und seine Erkenntnisse in dem Werk »Vom Ozean« niedergeschrieben. Es ist die erste schriftliche Kunde über das spätere Deutschland in der alten Welt.

Pytheas hat bereits die Gezeiten mit dem Mond in Verbindung gebracht. Die germanischen Volksstämme, die damals an der Nordseeküste lebten, hielten das rhythmische Zurückweichen und Vordringen des Meeres eher für den Atem eines Meeresgottes oder eines in der Tiefe lebenden Seeungeheuers. Der Tidenhub, also der Unterschied des Wasserstands zwischen Ebbe und Flut, beträgt in der Nordsee bei Wilhelmshaven bis zu vier Meter, in Nordfriesland 2,5 Meter. Das ist nicht viel im Vergleich zu Nordfrankreich mit einem Tidenhub von 12 Metern bei St. Malo, 14 Metern im Südwesten Englands oder 18 Metern in der Fundy-Bay Neuschottlands an der Ostküste Nordamerikas. Dennoch haben die Gezeiten, die bekanntlich aus dem komplexen Wechselspiel zwischen den Anziehungskräften von Sonne und Mond sowie der Erdrotation resultieren, die Nordseeküste von Holland bis nach Dänemark maßgeblich geprägt.

Erosion an der Kreideküste: Brauner Moränenschutt ist über dem weißen Fels abgerutscht. Der helle Sand macht das grüne Meerwasser milchig trüb.

Wasser schafft Land

Durch Ebbe und Flut ist das Wasser ständig in Bewegung. Es nimmt feine Sand- und Tonpartikel von dem flach abfallenden Meeresboden oder auch an den Ufern auf, reißt sie in der Strömung mit und lagert sie in ruhigeren Wasserbereichen wieder ab. Wissenschaftler haben gemessen, dass fünf bis 150 Milligramm Sediment pro Liter bei jeder Tide umgelagert werden, bei Sturmfluten fünfzigmal so viel.
Beim Übergang von Flut zu Ebbe kommt das Wasser kurz zum Stillstand. Dann sinken

Vorhergehende Doppelseite:
Große Priele im Watt der Nordsee

die feinsten Teilchen ab. So bildet sich das Schlickwatt. Wenn es bei Sturmfluten nicht wieder abgetragen wird, baut es sich ständig weiter auf. Erste Pflanzen siedeln sich an und halten zusätzlich Sediment zurück. Allmählich wächst der Boden in die Höhe, sodass er nicht mehr bei jeder Tide überflutet wird. Neues Land entsteht.
Diesen Vorgang haben sich die Menschen schon früh zunutze gemacht. Sie errichteten Fangzäune im Watt, um bei abfließendem Wasser das Sediment besser zurückzuhalten. Mit Gräben entwässerten sie das neue Land, schützten es mit Deichen vor weiterer Überflutung und gewannen so fruchtbare Weiden und Ackerflächen.
Im Mittelalter waren die Landflächen vor Nordfriesland größer als heute – bis zur Zeit der schlimmen Sturmfluten. Vor allem die »große Mannsdränke« am 16. Januar 1362 hatte verheerende Folgen. 100 000 Menschen kamen damals ums Leben. An der ostfriesischen Küste wurden die Leybucht, die Bucht des Dollart und der Jadebusen ausgespült. 1634 versank in Nordfriesland das neu gewonnene Land hinter den Halligen wieder für immer in den Fluten – und mit ihm die sagenhafte Stadt Rungholdt.

Schwappeffekt in der Ostsee

In der Ostsee beträgt der Tidenhub nur wenige Zentimeter. Dort hat die Eiszeit die Küste geprägt. 2000 Meter mächtig waren die skandinavischen Gletscher, die noch vor 20 000 Jahren an der Stelle des heutigen Binnenmeeres lagen. Als sie sich zurückzogen, blieben ausgedehnte Sandflächen und ein Hügelland aus Schutt, die Moränen, zurück.
Mit dem Schmelzen des Eises stieg der Meeresspiegel um gut 100 Meter an. Das Ostseebecken füllte sich, das Wasser drang bis in die Flussmündungen, in die heutigen Förden, vor. Es bildete sich ein flaches Meer, aus dem die Höhenrücken der Moränenzüge als Inseln hervorragten.
Dann haben Strömungen die Ostseeküste umgestaltet. Vom Wind getrieben trugen Wellen vor allem an den Steilküsten Sand ab, um sie an anderer, ruhigerer Stelle wieder abzulagern. Mit der Zeit wuchsen Landstreifen zwischen den Inseln und schnitten Buchten vom offenen Wasser ab. So entstanden die Bodden.
Doch auch ohne Gezeiten kann sich der Wasserstand an manchen Stellen der deutschen Ostseeküste plötzlich ändern – allein durch starken Wind, der über Tage oder Wochen aus einer Richtung, zum Beispiel aus Westen und Südwesten, kommt. Er treibt das Ostseewasser Richtung Finnischen Meerbusen. Die Folge: Viel Nordseewasser strömt durch die enge Verbindung an den dänischen Inseln ins Ostseebecken ein. Lässt der Wind nach oder dreht er gar in die Gegenrichtung, kommt es zu einem »Schwappeffekt«: Weil das Wasser nicht so rasch durch den Engpass wieder aus dem Ostseebecken in die Nordsee zurückströmen kann, staut es sich auf. Dabei kann der Wasserspiegel an der Südküste durchaus plötzlich um einige Dezimeter, sogar Meter ansteigen. Solche Sturmfluten kommen statistisch gesehen jedoch nur alle paar Jahre vor.

Auf der Mellum

Hell gleißen das Watt und die Priele im Gegenlicht. Die verästelten Kanäle schlängeln sich von den flachen Salzwiesen bis weit in die Gezeitenzone hinein, die im Wechsel von Ebbe und Flut überströmt wird und dann wieder trocken fällt. In den Prielen erreicht das Wasser dabei eine Geschwindigkeit von 2 bis 3 Meter pro Sekunde. Auch auf den Wattflächen ist es noch 0,5 Meter pro Sekunde schnell. Die Salzwiesen werden nur bei Sturm überflutet.

Ein grüner Teppich aus Salz liebenden Pflanzen überzieht die Marsch der Düneninsel Mellum. Sie ist erst Ende des 19. Jahrhunderts entstanden und damit die jüngste in der Kette der ostfriesischen Eilande. Sie hat sich ebenso gebildet wie ihre großen Nachbarn schon einige Jahrtausende zuvor. Der Flutstrom hat kontinuierlich Sand angespült, die Brandung hat ihn zu Wällen aufgeworfen. Schließlich erfasste der Wind den Sand und häufte ihn zu Dünen an. Pflanzen festigen nun das frische Land, das 1903 erst 7 Hektar groß war und bis heute auf 75 Hektar angewachsen ist. Die Mellum ist mit ihrer unberührten Küste ein wichtiger Zufluchtsort für Vögel und Seehunde.

Küste der Insel Mellum am Ausgang des Jadebusens zur Nordsee

Windwatt an der Ostseeküste

Schwarze Schlieren aus Seegras, Miesmuscheln und Algen, angespült von den Wellen der Ostsee, zeichnen bizarre Muster auf den Sand im Windwatt zwischen Zingst und Hiddensee. Nicht der Wechsel der Gezeiten wie an der Nordsee, sondern allein der Wind bestimmt, wie viel und wie lange dort ein Stück des flachen Meeresbodens trockenfällt.

Auf dem Windwatt herrschen extreme Lebensbedingungen. Da der Wind oft über viele Tage hinweg von Land her bläst, liegt der Sand lange trocken. Die Sonne heizt ihn tagsüber auf, nachts kühlt er stark ab. Dazu kommt der wechselnde Salzgehalt. Bei hoher Verdunstung steigt er an, bei Regenfällen nimmt er ab. Wenn der Wind schließlich dreht und vom Meer her kommt, folgen solchen Trockenperioden wieder mehrere Tage andauernder Flut.

Pflanzen können unter diesen Umständen nicht Fuß fassen. Und nur wenige Tiere wie zum Beispiel Würmer, Schnecken und Muscheln sind an die Verhältnisse angepasst. Sie machen das Windwatt zum Schlaraffenland für eine große Zahl von Watvögeln, die dort Nahrung im Überfluss finden.

Windwatt im Nationalpark Vorpommersche Boddenlandschaft in Mecklenburg-Vorpommern

Die Kreidefelsen von Rügen

Vor 70 Millionen Jahren, als noch die Dinosaurier die Erde beherrschten, lag Rügen auf dem Grund einer breiten Meeresstraße zwischen dem Harz und Südschweden. Etwa 20 Grad Celsius war das Wasser warm. Davon zeugen die Kalkschichten, die sich auf dem Meeresboden abgesetzt haben – und die heute als Kreidefelsen stellenweise mehr als 100 Meter über den Wasserspiegel hinausragen und von einem dichten Buchenwald bewachsen sind. Der Kalk besteht aus den Schalenresten unzähliger kleiner Meerestiere.
Die Gletscher, die zur Eiszeit von Skandinavien bis weit nach Norddeutschland reichten, haben wie Bulldozer Schollen des Kalkgesteins emporgeschoben. Deshalb liegen sie heute auf Rügen neben dem Moränenschutt, den das Eis beim Abschmelzen zurückgelassen hat.
Wind, Regen und die Brandung setzen den Wänden zu. Dabei wittern schwarze, harte Feuersteinknollen aus der Kreide heraus. Sie säumen als dunkles Band den langen Strand unter den Felsen. Zusammen mit den großen Findlingen, den Granitfelsen, welche die Gletscher während der Eiszeit herantransportierten und die zuhauf im flachen Wasser liegen, werden sie von Sand und Wellen glatt geschliffen.

Kreidefelsen um die Wissower Klinken im Nationalpark Jasmund auf der Insel Rügen

Der Kirr

Ein Netz aus Kanälen durchzieht das flache Salzgrasland, das vor allem im Winter immer wieder von der Ostsee überspült wird. Ursprünglich war dieses Mosaik aus Inseln und Prielen ein Küstenmoor und von dichten Schilfwäldern bewachsen. Doch seit dem Mittelalter bringen die Bauern während des Sommers ihre Rinder dorthin zum Weiden. Die Tiere halten das Schilf kurz und sie verdichten mit ihren Hufen den Boden. Sie schufen auf diese Weise eine Landschaft, die heute auch vielen seltenen Vogelarten nicht nur Nahrung, sondern auf Grund der gut zu überblickenden Weite auch Schutz bietet. Im Herbst rasten dort auch Kraniche auf ihrem Zug nach Süden.

Der Kirr im Barther Bodden, im Bildausschnitt 1 Kilometer breit, ist Teil des Nationalparks Vorpommersche Boddenlandschaft an der Ostseeküste südlich von Zingst

Zwischen Bock und Gellen

Alle Schiffe, die von der offenen Ostsee kommen und den Hafen von Stralsund anlaufen wollen, müssen diese schmale Fahrrinne passieren. Das Wasser zwischen der baumlosen Heide- und Dünenlandschaft des Gellen an der Südspitze von Hiddensee mit ihrem hellen sandigen Küstenstreifen und der Untiefe vor dem mit Schilf gesäumten, aufgefransten Ufer der Insel Bock ist nur 4,5 Meter tief – und das auch nur in einem 30 Meter breiten Streifen. Würde diese Stelle nicht immer wieder ausgebaggert, würde sie durch den von der Strömung antransportierten Sand verschüttet werden und allmählich sogar verlanden.

Die Insel Bock besteht aus dem Sand, der seit 1907 immer wieder aus der Rinne herausgeholt und dort abgelagert wird. Um sie zu stabilisieren, damit sie den anbrandenen Wellen auch bei Sturm standhält, wird dort seit 1928 aufgeforstet.

Schifffahrtsrinne nach Stralsund zwischen der Untiefe vor der Insel Bock (im großen Bild links) und der Südspitze der Insel Hiddensee an der Ostseeküste

Schlickwatt in der Leybucht

Salzwiesen grenzen an das nasse, im Sonnenlicht silbergrau glänzende Schlickwatt. Bei Ebbe sind die Priele nahezu leer. Bei Flut füllen sich diese gewundenen Kanäle wieder. Der Schlick enthält auch bei Ebbe, wenn das Meer sich zurückgezogen hat, 50 bis 70 Prozent Wasser. Wer auf den wabbeligen Boden tritt, kann knöcheltief einsinken.

Da in Buchten bei Flut die Strömung landeinwärts besonders gering ist, können dort die feinen Sedimente, die das Wasser von den Flüssen und der Nordsee antransportiert, zu Boden sinken. Der Schlick besteht aus anorganischen feinen Sand- und Tonpartikeln und aus Plankton, also aus tierischen und pflanzlichen Einzellern.

Dass sich das Sediment ansammelt und nicht gleich wieder fortgespült wird, dafür sorgen die im Schlickwatt lebenden Tiere wie zum Beispiel der Seeringelwurm oder der Kotpillenwurm. Sie scheiden einen Schleim aus, der die Partikel bindet.

Nordseeküste in der Leybucht nahe Greetsiel

Kleine Werderinseln

Die verschiedenen Strömungen der Küste entlang, in die Bodden hinein und wieder heraus, gaben den Kleinen Werderinseln ihre rundliche Form. Die flachen Eilande heißen auch die »Halligen der Ostsee« – wohl deshalb, weil sie ebenso flach und klein sind wie die Halligen in der Nordsee und auch bewirtschaftet werden.

Im Sommer dient das Salzgrasland, wie auch auf den benachbarten Inseln, als Weide für Rinder und Schafe.

Die Tiere halten die Pflanzen kurz und verhindern, dass sich das ursprünglich dort wachsende Röhricht ausbreitet.

Doch die Kleinen Werderinseln sind nicht bewohnt wie die Halligen an der nordfriesischen Küste und liegen nicht so isoliert. Außerdem sind sie einem viel geringeren Tidenhub ausgesetzt. Der Unterschied zwischen Ebbe und Flut beträgt in der Ostsee lediglich 15 Zentimeter, in der Nordsee nahe der Halligen dagegen etwa 2,5 Meter.

Kleine Werderinseln im Nationalpark Vorpommersche Boddenlandschaft an der Ostseeküste

Versunken im Sandwatt

Im Gegenlicht zeichnet sich jede Welle ab, die auf dem flachen Sandwatt vor der Insel Pellworm anbrandet. Diese Landschaft hat eine dramatische Vergangenheit. Bis ins 14. Jahrhundert war das Wattgebiet noch ein Teil der nordfriesischen Küste. Die Menschen bestellten dort ihre Äcker und weideten ihr Vieh. Bereits ab dem 11. Jahrhundert mussten sie jedoch gegen den ansteigenden Meeresspiegel kämpfen. Sie bauten Deiche und errichteten ihre Häuser zum Schutz gegen das Wasser auf Warften, aufgeworfenen Erdhügeln.

1362 geschah die erste Katastrophe. Die Sturmflut, die später als »Große Mannsdränke« bezeichnet wurde, brach durch die Deiche und zerstörte das ganze Küstengebiet. Viele tausend Menschen sind dabei umgekommen. Eine zweite große Flut im Jahr 1634 zerlegte den Küstenstreifen endgültig in mehrere Inseln und verschlang dabei auch die sagenhafte Stadt Rungholt.

Seither spült das Meer Sand auf das versunkene Land. Bei Wattwanderungen kann man noch Spuren der alten Siedlungen finden.

Sandwatt bei Pellworm im Nationalpark
Schleswig-Holsteinisches Wattenmeer

Hochgebirge

Im Kalkfels der Alpen

Der südlichste Teil Deutschlands lag einst am Nordrand des afrikanischen Kontinents. Dort wurde der Kalk, der die Berge von den Berchtesgadener Alpen über das Wetterstein- und Karwendelgebirge bis zu den Allgäuer Alpen aufbaut, ursprünglich abgesetzt.
Zu der Zeit sah die Welt allerdings noch ganz anders aus als heute. Vom Ende des Erdaltertums vor etwa 250 Millionen Jahren bis in die Erdneuzeit vor etwa 30 Millionen Jahren erstreckte sich zwischen Europa und Afrika im Bereich der heutigen Alpenkette ein Urozean, die Tethys. Ihre Küsten lagen während ihrer größten Ausdehnung etwa 1000 Kilometer voneinander entfernt. Auf dem Meeresboden lagerten sich im Lauf der Zeit Tausende Meter mächtige Sedimente ab, aus denen später der Alpenbogen entstehen sollte. Das Klima muss tropisch warm gewesen sein, was sich heute an den versteinerten Meerestieren im Fels ablesen lässt.

Verfaltet: Ursprünglich flach in einer Lagune des Ur-Mittelmeeres abgelagert, wurden die Schichten des Wiedemer Kopfes in den Allgäuer Alpen später bei der Gebirgsbildung stark gebogen.

Zu Beginn war dieses Meer stellenweise sehr flach. Das Wasser verdunstete immer wieder. Feinster Tonschlamm und Gips lagerten sich ab – und die Salzschichten, aus denen schon seit 1300 Jahren in Reichenhall und später auch in Berchtesgaden Speisesalz gewonnen wird.

Wie in den Schraubstock gespannt

Langsam sank der Meeresboden, Schwamm- und Korallenriffe schützten die Lagunen, in

denen sich über viele Jahrmillionen Schicht für Schicht Kalkschlamm anhäufte. Je tiefer die einzelnen Lagen unter dem Gewicht immer neuer Sedimente in den Untergrund gedrückt wurden, desto stärker wurden sie verfestigt.
Als vor etwa 100 Millionen Jahren Afrika und Europa sich plötzlich aufeinander zu bewegten und kollidierten, wurden die inzwischen Tausende Meter mächtigen Sedimente in dem Meeresbecken zusammengeschoben und gestaucht. Wie in einen Schraubstock gespannt, begannen sie zu brechen, sich zu verformen und zu verfalten. Ganze Stapel – die Alpengeologen sprechen von Decken – wurden von ihrem Untergrund abgeschert, darunter auch das riesige Schichtpaket der nördlichen Kalkalpen, zu denen die Bergketten vom Allgäu im Westen bis nach Berchtesgaden im Osten zählen.
Von der afrikanischen Küste wurde es viele Kilometer weit nach Norden verschoben. Der Untergrund aus den ältesten weichen Schichten, den Tonen und Salzen, wirkte dabei wohl wie ein Schmierfilm.

Vorhergehende Doppelseite:
Kalkwand am Untersberg in den
Berchtesgadener Alpen

Erst vor etwa 30 Millionen Jahren verdrängten die emporwachsenden Berge allmählich das Meer. Sobald das Gestein über der Wasseroberfläche auftauchte, setzte die Verwitterung ein. Die Gletscher der Eiszeit brachten es in Form.

Weil der Druck von unten das Gebirge viel rascher hob, als es oben abgetragen werden konnte, erreichten die Gipfel mehrere Tausend Meter Höhe. Um wenige Millimeter im Jahr streben die Alpen noch heute dem Himmel entgegen. Doch im Moment halten sich das Aufsteigen und die Erosion ungefähr die Waage.

Dass die Alpenauffaltung heute noch nicht abgeschlossen ist, zeigen die Erdbeben, die dort immer wieder registriert werden. Observatorien zeichnen Tausende Erschütterungen pro Jahr auf. Die meisten sind so schwach, dass die Menschen sie nicht wahrnehmen. Nur ein bis zwei Beben jährlich haben eine Stärke von mehr als 2,5 auf der Richterskala. Dann beginnen die Lampen an der Zimmerdecke zu schaukeln und die Tassen im Schrank zu klirren.

Durchlöchert wie Schweizer Käse

Das Gebirge von den Berchtesgadener bis zu den Allgäuer Alpen ist durchsetzt von Höhlen. Denn kaum ein anderes Gestein verwittert im feuchten Klima leichter als Kalk und seine magnesiumreiche Variante, der Dolomit. Die Kohlensäure im Regenwasser löst sie auf.

Die Niederschläge greifen den Fels nicht nur an der Oberfläche an. Durch Risse und Spalten dringen sie tief ins Innere der Berge ein und spülen dort mit der Zeit große Hohlräume aus.

Steinzeitmenschen könnten in den Höhlen bereits Unterschlupf gesucht haben. Nahe bei Berchtesgaden zum Beispiel wurden Lochäxte aus dieser vorgeschichtlichen Epoche gefunden.

In der Bronzezeit, im zweiten vorchristlichen Jahrtausend, waren nachweislich bereits große Teile des Gebirges besiedelt. Erze, aus denen sich die für die Bronze nötigen Metalle Zinn und Kupfer gewinnen ließen, lockten die Menschen in die damals dichten Urwälder der steilen, schwer zugänglichen Alpentäler. Diese Metalle konnten sie vor allem in den Zentralalpen gewinnen. Der Weg dorthin führte zwangsläufig durch das Kalkgebirge. Handelsstraßen entstanden – und die Menschen entdeckten allmählich die Hochlagen für die Viehwirtschaft.

Abbauwürdige Erze gab es im Kalkgebirge nicht. Dafür fanden die Menschen hier in großen Mengen einen anderen lebenswichtigen Rohstoff, der sich nicht nur zum Würzen der Speisen eignete, sondern auch zum Konservieren von Fleisch und anderen Lebensmitteln: Salz. Schon in der Bronzezeit wurden die Salzquellen von Reichenhall genutzt. Die erste schriftliche Kunde von der Salzgewinnung stammt jedoch erst aus dem 7. Jahrhundert. 800 Jahre später nahm das Salzbergwerk im benachbarten Berchtesgaden die Arbeit auf.

Im Mittelalter machte das »weiße Gold« die bayerischen Herzöge und später auch das bekannte Handelsgeschlecht der Fugger reich. Die Saline in Reichenhall und das Salzbergwerk in Berchtesgaden sind noch heute in Betrieb.

Wimbachgries – ein Tal ertrinkt im Schutt

Unmengen Gestein brechen aus den steilen Gebirgswänden im Wimbachtal. Der Frost lässt das Wasser in den Spalten und Ritzen des Felses gefrieren. Während es zu Eis wird, dehnt es sich aus und sprengt dabei das Gestein, das aus Kalk und seiner an Magnesium reichen Variante, dem Dolomit, besteht. Vor allem der Dolomit zerfällt dabei in Brocken und Brösel, Grus oder Gries genannt, der dann die Bergflanken hinunterrutscht und sich in riesigen Halden anhäuft. Daher der Name »Wimbachgries«.

Das an seinem Ende etwa 1,5 Kilometer breite Tal ertrinkt allmählich in seinen eigenen Schuttmassen. Bis zu 300 Meter hoch ist es seit dem Schwinden des Gletschers bereits aufgefüllt worden. Immer wieder hört man irgendwo in den Felswänden Steine rollen. Starke Regengüsse spülen Rinnen in die Schuttkegel und setzen oftmals auch Muren in Gang. Pflanzen haben kaum eine Chance, Wurzeln zu schlagen.

Am Fuß des Hochkalter im Wimbachtal
in den Berchtesgadener Alpen

Grüne Grate

Üppige Almmatten überziehen die Steilwände über der Kälbelesgund-Alpe, die aus Gesteinsschichten verschiedener Härte aufgebaut sind. Die Kieselkalke unten widersetzen sich der Verwitterung erfolgreicher als die weicheren Lagen darüber. Schnee, Eis, Wind und Regen konnten aus dem harten Fels scharfe Grate herausarbeiten, an deren steilen, jedoch stabilen Flanken sogar vereinzelt Bäume wurzeln.

Die dunklen Kalk- und Mergelbänke verwittern dagegen zu einem lehmigen Schutt.

Er gibt einen guten Boden ab. Wo er nicht abrutscht, gedeihen saftige Wiesen.

Steilwände über der Kälbelesgund-Alpe westlich des Hohen Ifen in den Allgäuer Alpen

Im Steinernen Meer

Als wären es die Wellen eines aufgewühlten Ozeans, die plötzlich erstarrt sind – so liegen die unzähligen Kalkschichten dieses Hochplateaus übereinander. Die Gletscher der Eiszeit, die sich von den umliegenden Gipfeln herabschoben, haben die bei der Alpenhebung verstellen Schichtstapel zurechtgeschürft.

Einige Teile des Steineren Meeres sind bewaldet. Doch auf dem hoch gelegenen kahlen Plateau verschwindet jeder Tropfen Regen oder Schmelzwasser in den Klüften des Felses. Darauf vermag kaum ein Flecken Gras zu wachsen. Das Wasser strömt sofort durch Ritzen und Spalten im Gestein auf unbekannten Wegen in den Untergrund, spült dabei Gänge und Höhlen aus und sprudelt in Quellen Hunderte Meter tiefer im Tal wieder zu Tage. Die verkarstete Felslandschaft in 1600 bis 2600 Meter Höhe gleicht einer öden, leblosen Wüste.

Steinernes Meer in den Berchtesgadener Alpen

Auf dem Gottesacker

Gewaltige Bruchlinien durchschneiden das Kalkgestein, das vor vielen Jahrmillionen im Ur-Mittelmeer abgelagert wurde. Sie zeugen von dem Zerren und Ziehen, als die Schichten während der Alpenbildung gehoben und nach Norden verschoben wurden.

Heute ist der Kalk von vielen Hohlräumen durchsetzt. Denn das kohlensäurehaltige Regenwasser ist sauer genug, um den Stein im Lauf der Jahrtausende vor allem entlang von feinsten Rissen und Klüften aufzulösen. An der Oberfläche entstehen dabei schmale Rinnen und messerscharfe Grate. Unterirdisch können ganze Höhlen ausgewaschen werden.

Gottesacker – Friedhof – haben die Menschen das Hochplateau wohl deshalb genannt, weil mancher Wanderer von dort nicht wiederkehrte. Vor allem bei schlechtem Wetter und Nebel kann man sich in dieser eindrucksvollen, aber unwirtlichen und unwegsamen Gegend leicht verirren.

Gottesacker-Plateau in den Allgäuer Alpen

Die Watzmann-Ostwand

Der Watzmann ist ein Berg der Superlative. Sein 2713 Meter hoch gelegener Gipfel ist nach der 2962 Meter hohen Zugspitze und der 2745 Meter hohen Hölltalspitze der dritthöchste Punkt in Deutschland. Die steile Felswand an seiner Ostflanke misst in der Senkrechten fast 2000 Meter und ist damit die höchste in den Ostalpen. Sie wurde 1881 erstmals durchstiegen. Seither haben dort mehr als 90 Menschen ihr Leben gelassen.

Der Berg ist nach dem Sagenkönig Watzmann benannt, der wegen seiner Grausamkeit gefürchtet war. Als er im Zorn ein altes Weib mit seinem Pferd zu Tode trampelte, soll ihn die Greisin noch im Sterben verflucht haben. Daraufhin ist der König zusammen mit seiner Frau und seinen Kindern zu dem Felsmassiv erstarrt, das heute den Watzmann und seine Nebengipfel bildet. Der Name könnte sich aber auch von dem alten bayerischen Wort »wax« herleiten, was so viel wie schroff oder scharfkantig bedeutet.

Watzmann-Ostwand in den Berchtesgadener Alpen

Auf der Hochwies

Der Große Hundstod, ein 2593 Meter hoher Gipfel in den Berchtesgadener Alpen, wirft seinen dunklen Schatten auf die grünen Matten der etwa 800 Meter tiefer liegenden Hochwies. Sie werden stellenweise vom Schutt des Hundstods und seiner Nachbarberge überdeckt. Einen Teil des Gesteins transportiert der Diesbach, der sich als graues Band an den Felsen entlang schlängelt und die grüne Almwiese überquert, ins Tal.

Bis vor etwa 100 Jahren haben die Bauern ihre Kühe zum Weiden bis in diese Höhe getrieben. Sie konnten die Almen jedoch nur wenige Wochen im Jahr nutzen. Denn der Schnee bedeckt oft bis weit in den Sommer hinein die Wiesen. Schon früh im Herbst wird es winterlich kalt und es fallen wieder die ersten Flocken.

Auch der Hundstod ist ein mit Sagen behafteter Berg. Seine Steine sollen die Hunde des bösen Königs Watzmann begraben haben, als dieser zusammen mit seiner Familie nur wenige Kilometer entfernt zu Fels erstarrte.

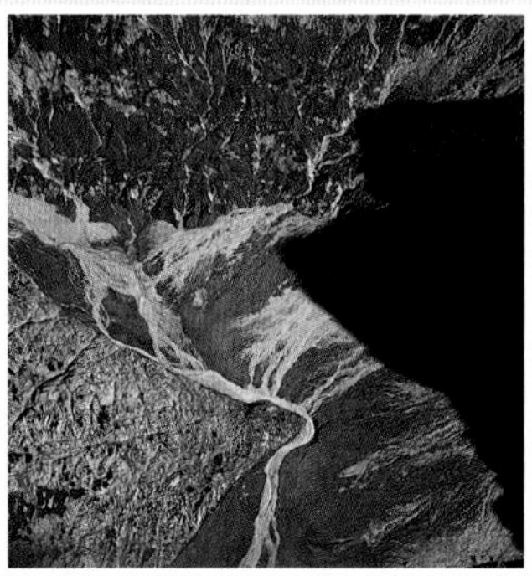

Hochwies, Almmatten am Rand des Nationalparks Berchtesgaden

Karrenfeld

Ablaufendes Regen- und Schmelzwasser hat schmale, tiefe Rinnen in den Kalkfels eingeschnitten. Die geringen Mengen Kohlensäure, die im Wasser enthalten sind, lösen das Gestein auf. Entlang von Klüften und Rissen wird es am stärksten ausgelaugt. Zurück bleibt ein Feld aus oft sehr scharfkantigen Graten, auch Karren genannt. In einem Zeitraum von 1000 Jahren verliert das Hochplateau durch diese Erosionsarbeit des Wassers hochgerechnet etwa einen Zentimeter an Höhe.

Relikte von Meeresorgansimen im hellen Alpengestein zeugen von dessen Herkunft: Es entstand vor 200 Millionen Jahren im warmen, flachen Wasser der Tethys, des Ur-Mittelmeeres, in der Nähe eines Riffes.

Schräge, von Rinnen durchzogene Platte von etwa 25 Meter Breite im Kalkplateau des Steinernen Meeres in den Berchtesgadener Alpen

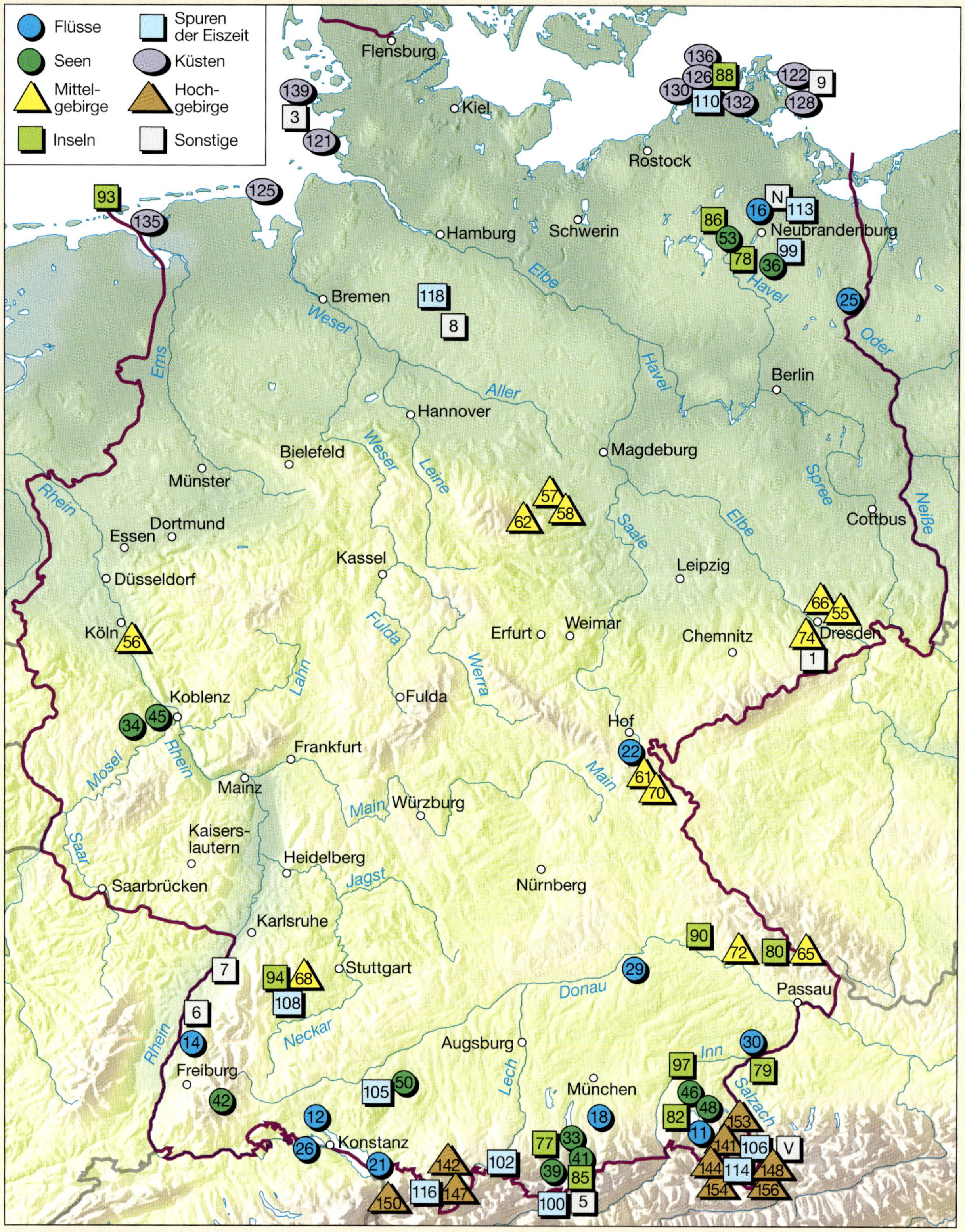

Übersicht über die Fotos

Danksagung der Autoren

Beim Sammeln der vielen Informationen zu den Bildern dieses Buches haben uns Wissenschaftler/innen von verschiedenen Universitätsinstituten, Angestellte von Gemeinden, Heimatpfleger/innen, sowie Mitarbeiter der Nationalparkverwaltungen überall in Deutschland immer freundlich unterstützt. Dafür möchten wir uns ganz herzlich bedanken.

Besonderer Dank gilt dem Deutschen Zentrum für Luft- und Raumfahrt (DLR) in Oberpfaffenhofen, das uns für die Vorrecherche kostenlos Satellitenbilder von Deutschland zur Verfügung gestellt hat.

Sehr hilfreich waren für uns die Hinweise und die Geduld der vielen Piloten, die uns sicher durch die oft unruhige Luft über Deutschland chauffiert und bei gutem Flugwetter immer einen Platz in ihren meist gefüllten Terminkalendern offen gehalten haben – darunter besonders Manfred Bärens von der Flugschule Neubrandenburg mit seinem Kollegen Michael Michalik sowie Hans Fischbeck in Ampfing.

Dr. Markus Schulte von Drach, freier Wissenschaftsjournalist in München, hat das Manuskript kritisch durchgelesen. Auch dafür herzlichen Dank.

Bücher zum Weiterlesen

Bibelriether, H. (1997): *Naturland Deutschland.* Franckh-Kosmos Verlags-GmbH, Stuttgart.

Küster, H. J. (1996): *Geschichte der Landschaft in Mitteleuropa.* C. H. Beck, München.

Probst, E. (1986): *Deutschland in der Urzeit.* C. Bertelsmann-Verlag GmbH, München

Daten zur Fotoausrüstung

Alle Luftaufnahmen wurden im Mittelformat 6 x 6 cm mit Hasselblad-Kameras und Carl-Zeiss-Objektiven angefertigt.

Umschlagfotos:
Vorderseite: Schwarzer Regen im Bayerischen Wald

Rückseite (von links nach rechts): Pfaffenstein im Elbsandsteingebirge, Insel Mellum, Eis auf dem Chiemsee

Seite 1:
Felstürme der Affensteine im Elbsandsteingebirge

Seite 2/3:
Sandwatt nahe Pellworm, Nordfriesische Inseln

Neuausgabe des Titels „GeoArt Deutschland"

Impressum

Bibliografische Information
Der Deutschen Bibliothek
Die Deutsche Bibliothek verzeichnet diese Publikation in der Deutschen Nationalbibliografie; detaillierte bibliografische Daten sind im Internet über http://dnb.ddb.de abrufbar.

BLV Buchverlag GmbH & Co. KG
80797 München

Umschlaggestaltung: BLV Buchverlag, Timo Wenda
Layoutkonzeption: Sabine Fuchs, München
Deutschlandkarte: Jörg Mair, München
Lektorat: Dr. Friedrich Kögel
Layout: Anton Walter, Gundelfingen
Satz: DTP-Design Walter, Gundelfingen
Herstellung: Hannelore Diehl

Printed in Germany · ISBN 978-3-8354-0397-0

Eine kleine Auswahl aus unserem Programm

Pascal Kobeh
Wunderwelt unter Wasser
Außergewöhnlich, atemberaubend, oft abstrakt, immer beeindruckend: fotografische Visionen der geheimnisvollen Unterwasserwelt, gegliedert nach den Themen Farben, Strukturen, Schwärme, Tarnungen und Stimmungen; mit Storys, die die Bilder – meist extreme Nahaufnahmen – ergänzen und erklären.
ISBN 978-3-8354-0176-1

Gertrud Scherf
Die geheimnisvolle Welt der Zauberpflanzen und Hexenkräuter
Von Teufelskraut und Liebeszauber – das Kräuterwissen von der Antike bis zur Gegenwart: ein Streifzug durch die Kulturgeschichte; Einblick in Mythos, Magie und Brauchtum; die 63 wichtigsten Zauberpflanzen in Porträts mit Biologie, Geschichte, Bedeutung und Verwendung als Heilpflanze.
ISBN 978-3-8354-0260-7

Rémy Wenger (Hrsg.)
Höhlen – Welt ohne Licht
Geheimnisvolle Orte des Schweigens, eine Wunderwelt unter Tage, eine Zeitreise in die Vergangenheit: die Faszination und der Zauber von Höhlen in spektakulären Fotos; Entstehung und verschiedene Höhlenformen, Tierleben, Höhlenforschung und die bedeutendsten Höhlen der Welt.
ISBN 978-3-8354-0298-0

Henry Bellosa/Lutz Dirksen/Mark Auliya
Faszination Riesenschlangen
Nervenkitzel garantiert – das ultimative Riesenschlangen-Buch mit sensationellen Fotos: spektakuläre Storys über Rekordschlangen und ihre Übergriffe auf Menschen, über Exepeditionen und Entdeckungen; Schutz bedrohter Arten, Riesenschlangen-Haltung in der Wohnung und vieles mehr.
ISBN 978-3-8354-0282-9

Beverly McMillan
Wissen neu erleben: Der Mensch
Fundiertes Wissen über den menschlichen Körper – populär vermittelt mit über 600 Fotos und Grafiken in 3D-Optik: Anatomie, Organe und Funktionen, Nerven und Hormone, das Gehirn als Schaltzentrale, Fortpflanzung, Vererbung, Geburt, Alter usw.
ISBN 978-3-8354-0105-1

Stefan Kühn/Bernd Ullrich/Uwe Kühn
Deutschlands alte Bäume
Begegnungen mit faszinierenden Persönlichkeiten: 192 bedeutende, oft jahrhundertealte Bäume in ausdrucksstarken Fotos; zu jedem Baum: Geschichte, Sagen, Mythen, Anfahrtswege; Übersichtskarte mit Standorten.
ISBN 978-3-8354-0183-9

Doris Laudert
Mythos Baum
Die wichtigsten mitteleuropäischen und mediterranen Gehölzarten in ausführlichen Porträts sowie die Kulturgeschichte der Bäume mit vielen Abbildungen und Details: der Baum in Geschichte, Mythologie, Religion, Brauchtum usw.
ISBN 978-3-405-16640-3

Eckart Pott
365 mal Natur
Das besondere Geschenk – die Schönheit der Natur in stimmungsvollen Fotos: jeden Tag ein neues Motiv, abgestimmt auf die jeweilige Jahreszeit, dazu eine kurze Story und viel Raum für eigene Gedanken.
ISBN 978-3-405-16932-9

Die zuverlässigen Berater

BLV Bücher bieten mehr:

- mehr Wissen
- mehr Erfahrung
- mehr Innovation
- mehr Praxisnutzen
- mehr Qualität

Denn 60 Jahre Ratgeberkompetenz sind nicht zu schlagen!

Unser Buchprogramm umfasst über 750 Titel zu den Themen

Garten · Natur · Heimtiere · Jagd · Angeln · Sport · Golf · Reiten · Alpinismus · Fitness · Gesundheit · Kochen.

Ausführliche Informationen erhalten Sie unter **www.blv.de**

Dass Sie sich gut beraten fühlen – das ist unser Ziel. Falls Sie Fragen und/oder Anregungen haben, schreiben Sie uns bitte:

BLV Buchverlag GmbH & Co. KG
Lektorat · Lothstraße 19
80797 München
Postfach 40 02 20
80702 München
Telefon 089/12 02 12-0 · Fax -121
E-mail: blv.verlag@blv.de

blv

MEHR ERLESEN!